Cómo innovar en las pymes

Manual de mejora a través de la innovación

Alberto Tundidor Díaz

Con la colaboración de:

Colección: Gestiona
Director: David Soler

Cómo innovar en las pymes. Manual de mejora a través de la innovación
1.ª edición, 2016
© 2015, Alberto Tundidor Díaz
© 2015, incluido el diseño de la cubierta, ICG Marge, SL

Edita: Marge Books
Avda. Alcalde Moix, 28 - 08207 Sabadell (Barcelona)
Tel. 931 429 486 - marge@margebooks.com
www.margebooks.com

Gestión editorial: Hèctor Soler
Edición: Alba Megías Villanueva, Cristina Torres Murillo
Colaboración editorial: Jorge Baro Olivero
Compaginación: Mercedes Lara
Impresión: Servicecom (Alcalá de Henares, Madrid)

ISBN: 978-84-15340-54-6
Depósito Legal: B 12553-2016

El papel empleado en este libro no ha sido blanqueado con cloro elemental (Cl_2).

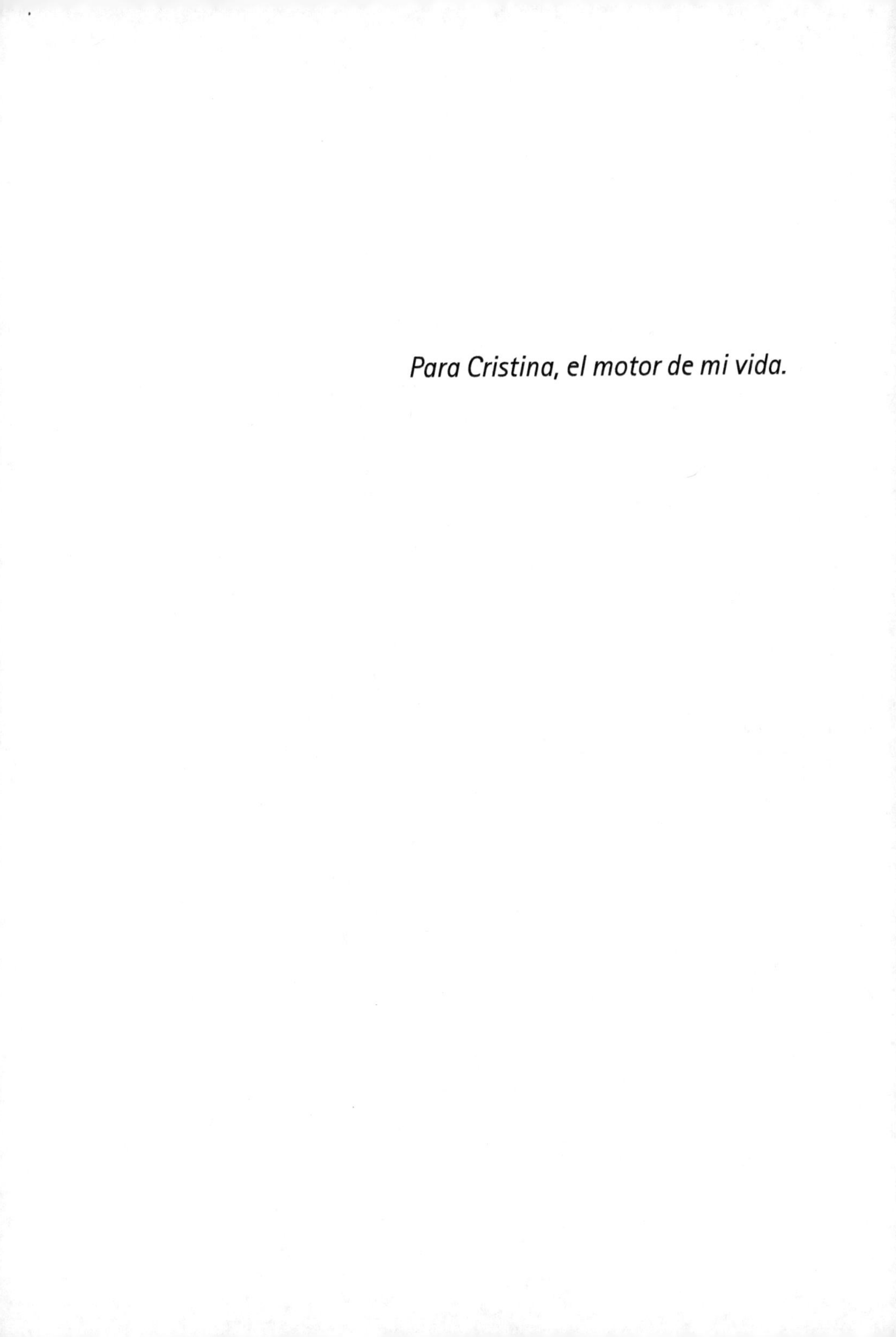

Para Cristina, el motor de mi vida.

Agradecimientos

Mi mayor agradecimiento es para mi familia, centro de gravedad de mi mundo y horizonte sin límites para un viaje de aventura y crecimiento personal. La vida con ellos inspira toda mi labor profesional.

Agradezco a la editorial Marge Books la oportunidad que me ha brindado con este libro, tan en línea con mi proyecto de negocio Global Humano.

Especialmente agradezco a David Soler su labor y su dedicación. Las conversaciones mantenidas con él han orientado mi trabajo en la dirección óptima. El trabajo de revisión y edición ha sido concienzudo y ha enriquecido el resultado final.

Índice

El autor

Alberto Tundidor Díaz (Guadalajara, 1977) es ingeniero químico por la Universidad Complutense de Madrid. También cuenta con el título de técnico de nivel superior en Riesgos Laborales en sus tres especialidades.

Actualmente es CEO y fundador de Global Humano, una empresa dedicada a la consultoría empresarial y dirigida particularmente a las pymes. Asimismo, imparte cursos presenciales en materias de soporte a la gestión empresarial.

Además, es autor del blog de Global Humano (www.global-humano.com) que impulsa la mejora empresarial y personal, siempre tomando como eje de referencia el desarrollo del potencial humano.

Este manual dedicado a la innovación es el resultado de la recopilación, de manera práctica, clara y específica, de sus más de diez años de carrera profesional en contacto con las pymes, con las que ha trabajado al formar parte de sus plantillas, al ser colaboradores o al analizar y resolver sus necesidades en las áreas en las que ha desarrollado su labor comercial y empresarial.

Introducción
Nuevos tiempos, nuevas pymes

Siempre he creído firmemente que las pymes representan la esencia del concepto de empresa, en cuanto a poner en juego un conjunto de recursos, trazar una estrategia y ejecutarla, ofrecer al mercado una serie de productos y servicios y a cambio generar un beneficio. Además, el tejido formado por las pequeñas y medianas empresas constituye un verdadero ecosistema para el crecimiento y el desarrollo de la economía de un territorio. Las pymes se injertan profundamente en la sociedad, desarrollan su ciclo vital dentro de ella y su influencia en su sostenimiento y prosperidad es determinante.

Las pymes por lo general son ágiles, certeras, flexibles, resistentes, rápidas y eficaces. ¿Por qué? En su definición se encuentra la respuesta: por su pequeño tamaño, por su fragilidad en el mercado, deben poner en juego todas sus habilidades para esquivar los baches del camino y aprovechar las oportunidades.

En mi opinión, las pymes son capaces de casi cualquier cosa.

Sin embargo, no son pocos los directivos de pymes que no saben reconocer el gran potencial que tienen sus negocios, a los que se refieren a menudo poniendo el acento en lo que NO pueden tener o en lo que NO pueden hacer, debido a su limitado tamaño y a sus características peculiares.

Si tú eres uno de ellos, deberías considerar las ventajas competitivas que convierten a las pymes en máquinas de gran potencia y versatilidad:

- **Facilidad para tomar decisiones**: en las organizaciones de mayor tamaño, la estructura de niveles jerárquicos es compleja y no permite a un directivo de nivel medio disponer de un gran margen de maniobra.

- **Gran agilidad a la hora de hacer cambios**: en una pequeña empresa introducir un cambio en sus procesos productivos o en sus herramientas de gestión o información es infinitamente más sencillo que en una empresa de gran tamaño, cuya inercia en los procesos operativos hace muy difícil cualquier variación.

- **Enorme facilidad para generar compromiso con sus empleados**: la cercanía entre dirección y trabajadores es mucho mayor que en las organizaciones de mayor tamaño. Por tanto, los trabajadores pueden tener una relación mucho más estrecha con los propietarios o directivos de la empresa. Esto facilita las cosas en muchas áreas. En numerosas pymes se dan, incluso, relaciones familiares entre las personas que las constituyen. En estos casos, la fortaleza de los lazos familiares permite superar situaciones realmente complejas.

- **Buena capacidad de adquirir algunas herramientas tecnológicas**: la economía de escala no siempre es aplicable. En el caso de las herramientas de *software* de gestión, por ejemplo, una organización de gran tamaño implica una mayor complejidad en la herramienta y disponer de mayores recursos que garanticen la seguridad y estabilidad del sistema. En muchas ocasiones, esto encarece la herramienta.

- **Facilidad para captar las necesidades del mercado**: al moverse en mercados más reducidos, las pequeñas empresas pueden establecer relaciones mucho más cercanas y colaborativas con sus clientes, de modo que puedan adaptar sus productos y servicios exactamente a los problemas que deben ser resueltos.

- **Gran resiliencia ante situaciones adversas**: en las pequeñas empresas no se centra toda la atención en el margen de beneficio del negocio, reparto de dividendos a accionistas y grupos inversores, etc. Por ello, cuando la situación económica empeora y se atraviesan dificultades, las pymes son capaces de adaptarse a la nueva situación con mayor facilidad y sin tomar decisiones tan dramáticas como las empresas de mayor tamaño. A la vez, las estructuras simples que operan y sostienen las pymes demuestran ser mucho más resistentes ante situaciones de gran tensión.

¿Entonces, las pymes no tienen limitaciones? Evidentemente sí. Pero las limitaciones que perciben sus directivos son muchas más de las que realmente existen. De hecho, la mayoría de ellas no están intrínsecamente relacionadas con el tamaño limitado de sus negocios.

Para analizar esta cuestión, podemos clasificar las limitaciones percibidas en una pequeña empresa en dos grupos:

1. **Limitaciones relacionadas con el tamaño de la empresa:** estas son las derivadas de no disponer de grandes recursos económicos (para adquirir materiales o contratar personal, hacer campañas de *marketing* en determinados canales, etc.) o de no tener una gran capacidad de producción. Una pequeña empresa no tiene la capacidad de negociación que pueda tener una mucho más grande, y puede tener dificultades para atender a grandes clientes cuyo volumen de pedidos sobrepasa sus posibilidades.

2. **Limitaciones NO relacionadas con el tamaño de la empresa:** estas son las limitaciones que pueden aparecer en cualquier organización, independientemente de su tamaño. Derivan de una gestión ineficiente de algunos elementos clave del negocio: procesos, comunicación, imagen, conocimiento o tecnología, entre otros.

¿Dónde colocarías tú la mayoría de las limitaciones que percibes en tu empresa? ¿En el primer grupo? Es una tendencia generalizada pensar que «las cosas no funcionan mejor porque somos una empresa pequeña con recursos limitados».

Te propongo que muevas la mayor parte de las limitaciones que encuentras en tu negocio del primer grupo al segundo, y empieces a considerar que en realidad son la consecuencia de algunos aspectos que no han sido correctamente tratados. Estos aspectos:

- **Se pueden mejorar de manera sencilla**. Basta con poner en marcha algunas prácticas o hacerte con algunas herramientas.

- **Realmente pueden debilitar a tu empresa** y restarle posibilidades de éxito si no se mejoran.

La necesidad para cualquier organización de mejorar todos los aspectos que limitan su rendimiento es hoy en día una prioridad absoluta. ¿Por qué?

Porque nunca antes el ecosistema en el que se desarrollan las actividades empresariales había sido tan exigente y tan convulso. La revolución tecnológica, internet y la crisis económica lo han cambiado todo. Son NUEVOS TIEMPOS estos en los que vivimos. Y requieren NUEVAS PYMES: renovadas, equipadas a la última, hábiles, rápidas, fiables al cien por cien, resistentes y adaptables.

Tu empresa tiene que contar con todas sus capacidades al máximo nivel si quiere prosperar en un territorio tan complejo. Para que pueda adaptarse rápidamente a tantos cambios y pueda extraer el máximo beneficio de ellos, es crucial que tenga toda su potencia disponible.

En este libro te voy a mostrar cómo se utiliza una herramienta con la que podrás mejorar tu empresa todo lo necesario para alcanzar el nivel óptimo de preparación para el éxito: la INNOVACIÓN.

En la primera parte te explicaré qué es la innovación, por qué considero que constituye una herramienta casi infalible para mejorar un negocio, cómo se pone en práctica y, por último, cómo convertirla en la herramienta de mejora definitiva.

En la segunda parte trataré con algún detalle muchos de los aspectos que pueden limitar tu empresa, y te haré propuestas para que puedas mejorarlos. En concreto, están incluidos la planificación estratégica, los procesos del negocio, la imagen corporativa, la comunicación, la mentalidad, la tecnología, el patrimonio, la planificación de operaciones, el horizonte del negocio y las herramientas de gestión y mejora.

PRIMERA PARTE

La innovación como herramienta de mejora para pymes

1 ¿QUÉ ES LA INNOVACIÓN?

En las últimas décadas la palabra innovación ha multiplicado su presencia en todo tipo de ámbitos y soportes. Se ha convertido en una palabra ubicua. La presión que la crisis económica ha ejercido sobre el conjunto del tejido empresarial ha obligado a buscar soluciones a un ritmo casi desesperado. La innovación ha sido uno de los pocos horizontes, quizás el principal junto con la exportación, que se han abierto para muchas empresas en busca de la supervivencia.

Los esfuerzos que se han invertido en aumentar la capacidad de innovación de las empresas han sido enormes, tanto desde las administraciones públicas como con la inversión privada.

Pero, al mismo tiempo que la palabra innovación se ha convertido en una compañera siempre presente, también ha ido aumentando la confusión que produce en muchos directivos de pymes. ¿Qué significa realmente innovar? ¿Quién puede innovar? ¿Cómo se hace?

Se pueden encontrar multitud de definiciones de innovación. Más breves o más extensas. Específicas sobre un tipo de innovación o generales. Abundan las definiciones que emplean términos típicos de especialistas en gestión empresarial y consultores.

La definición que yo voy a emplear en este libro es la siguiente:

INNOVAR ES TRANSFORMAR EN VALOR
UNA OPORTUNIDAD DE MEJORA, INTRODUCIENDO
UN CAMBIO EN UN SISTEMA DE REFERENCIA.

Cualquier innovación en que se piense parte de una OPORTUNIDAD DE MEJORAR algo:

- La impresión 3D mejora la capacidad de producir prototipos o repuestos.
- Las aplicaciones basadas en internet mejoran la capacidad de almacenar, procesar y compartir información sin límites geográficos.
- Algunos fabricantes han mejorado la capacidad de cualquier persona de acceder a muebles funcionales, modernos y económicos para su hogar.
- Algunos distribuidores mejoraron en su día la experiencia de compra de personas que querían tener en un solo lugar diferentes marcas para elegir, con una atención personalizada.
- Multitud de innovaciones médicas mejoran la calidad de vida de los pacientes de diversas enfermedades.

La innovación siempre busca la generación de VALOR. ¿De qué tipo? Económico, funcional, estético, operacional o ecológico, entre otros.

La manera que tiene la innovación de transformar una OPORTUNIDAD DE MEJORA en VALOR es INTRODUCIENDO UN CAMBIO en la forma de hacer las cosas. Se busca un resultado mejor probando alternativas nuevas: cosas no vistas nunca antes, o ya utilizadas pero en otros contextos o situaciones.

El CAMBIO debe ser INTRODUCIDO, salvando todas las dificultades que ello conlleva, en un SISTEMA DE REFERENCIA. La acción de innovación debe estar centrada en un área específica. Innovar es concentrar esfuerzos y recursos para resolver una necesidad o problema. La dispersión excesiva empobrece o anula la innovación.

- La innovación en producto introduce cambios en el SISTEMA DE DISEÑO Y FABRICACIÓN.
- La innovación en transporte introduce cambios en el SISTEMA DE DISTRIBUCIÓN.
- La innovación en tecnologías de la información y la comunicación (TIC) introduce cambios en el SISTEMA DE PROCESAMIENTO DE LA INFORMACIÓN Y LA COMUNICACIÓN.
- La innovación en modelo de negocio introduce cambios en el SISTEMA DE DISEÑO Y PLANIFICACIÓN DE NEGOCIO.
- La innovación en *marketing* introduce cambios en el SISTEMA DE ACCESO AL MERCADO.

Esta definición ayuda a superar algunas creencias que otras definiciones más complejas y difusas han contribuido a extender entre muchas pymes:

- La innovación es algo complejo y abstracto.
- La innovación siempre parte de la tecnología, y las empresas innovadoras tienen base tecnológica.
- La innovación siempre va dirigida a la obtención de nuevos productos o servicios.
- La innovación trata de hacer «algo nuevo que no se ha hecho nunca antes».

Estas creencias han ido arraigando en muchas pymes, de modo que en numerosos casos han convertido a la innovación en una especie de utopía, o simplemente en algo destinado a otros.

En realidad, se puede practicar la innovación en cualquier negocio, dirigida tanto al diseño de nuevos productos o servicios como a la trasformación de cualquier área o proceso. No es obligatorio que sea un fenómeno ligado a la tecnología, y aquello que se haga no tiene por qué ser algo totalmente nuevo, basta con que sea diferente en el contexto en el que se realiza e implique un cambio en el sistema que se considere.

Innovar implica querer llegar más lejos, tener la curiosidad necesaria para detectar nuevas oportunidades y la creatividad suficiente para proponer ideas que las aprovechen. Consiste en tener la capacidad analítica adecuada para valorar las ideas antes de ponerlas en marcha, y saber planificar y organizar el camino de su implementación.

El capítulo 2 muestra cómo la innovación es la mejor herramienta para mejorar aquellos aspectos en los que tu empresa tiene que aumentar su rendimiento para poder sacar partido en situaciones complejas y periodos adversos.

2 ¿POR QUÉ UTILIZAR LA INNOVACIÓN COMO HERRAMIENTA DE MEJORA DE UNA PYME?

No son pocas las personas que tienen la creencia de que para mejorar algo basta con pretenderlo y esforzarse en ello. La intención de mejorar, de alguna manera, hará que las circunstancias se alineen y permitan que los resultados sean mejores. Los esfuerzos que realizan, no obstante, aun siendo mayores, van en la misma dirección que han llevado hasta el momento.

Tener la mentalidad adecuada es importante, sin duda. Solo con tener la intención de mejorar los resultados ya se da un paso muy importante. Y si se está dispuesto a hacer un esfuerzo adicional, aún mejor. Pero en la mayoría de las ocasiones no es suficiente. Haciendo las cosas como siempre, por mucho que se ponga un mayor empeño, se consiguen los resultados de siempre o muy parecidos.

Si de verdad pretendes dar un salto en cuanto a rendimiento en algún área, necesitas hacer las cosas de una manera diferente a como las has hecho hasta ahora.

Para que tu pyme pueda mejorar en los aspectos críticos es necesario que comiences a cambiar el modo en que haces determinadas cosas.

En ese sentido, la definición de innovación mostrada en el capítulo anterior nos propone que una vez que hayas detectado un aspecto mejorable en tu negocio, cambies la manera de hacer algo en alguna área concreta para obtener VALOR: aumentar las ventas, mejorar el margen de beneficio, escalar puestos en cuanto a cuota de mercado, explorar nuevos mercados, etc.

También son muchas las personas que cuando se deciden a mejorar en un aspecto se lanzan a poner en marcha rápidamente la primera idea que se les ocurre.

A todos nos han venido a la cabeza ideas que nos parecían geniales a primera vista. Nos hemos sentido eufóricos por el hallazgo y ansiosos por ponerlas en práctica de inmediato, convencidos de que sus resultados iban a ser netamente positivos.

La evidencia muestra, sin embargo, que esas ideas geniales pueden no serlo tanto. De hecho, la primera idea que aparece en el horizonte cuando se busca obtener un buen resultado no suele ser la más acertada.

Además, hay una mayoría de personas que desechan su idea antes de que haya podido dar ningún resultado. A medio camino se desaniman y abandonan. El plazo de ejecución se les hace demasiado largo, los costos demasiado elevados, ya no visualizan con claridad el beneficio que obtendrán, no logran encontrar el momento de trabajar de lleno en su proyecto o deben enfrentarse a dificultades que les parecen insalvables.

Es sobre todo en estas situaciones donde la innovación se presenta como una poderosa herramienta de mejora. Detrás de su sencillez como palabra hay una serie de mecanismos y pautas de actuación, fruto de los numerosos estudios que se han realizado en las últimas décadas, que reducen el nivel de riesgo que siempre implica hacer algo diferente.

La aplicación de estas pautas conlleva trabajar en «condiciones controladas» en proyectos en los que muchas veces hay más incógnitas que soluciones. Significa hacer un trabajo sólido, estructurado y bien fundamentado. El riesgo de que se produzca el fracaso es mucho menor. Y si finalmente se produce, sirve como lección aprendida para seguir trabajando en la dirección adecuada.

En el capítulo 3 veremos cómo poner en marcha un proceso de innovación en cuatro sencillas etapas.

3 ¿CÓMO SE PONE EN PRÁCTICA LA INNOVACIÓN?

Nuestra definición se inicia diciendo que innovación es transformar en valor una oportunidad de mejora, pero ¿para quién será el VALOR que generaremos con el cambio? Ha de ser para aquél que pongamos como objetivo de la innovación: un cliente, un proveedor, un miembro de nuestro equipo, etc. A esa persona o grupo de personas nos vamos a referir con la palabra CLIENTE, en mayúsculas. EL CLIENTE de nuestro proceso de innovación debe percibir el CAMBIO que introduzcamos, y debe obtener el VALOR generado. Evidentemente el resultado de la innovación irá más allá de este VALOR (podemos aspirar a mejores cifras de ventas, productividad incrementada en un porcentaje, ahorro en costos, etc.), pero en primera instancia nuestro objetivo debe ser el CLIENTE.

Estas son las cuatro etapas del proceso de innovación que te propongo para mejorar tu empresa:

1 BUSCAR OPORTUNIDADES PARA INNOVAR

O lo que es lo mismo: BUSCAR OPORTUNIDADES PARA MEJORAR ALGO.

Estas oportunidades pueden aparecer en tu camino en forma de rendimientos bajos en algunos procesos, problemas sin resolver, dificultades que consumen tiempo y recursos, quejas de clientes o nuevos competidores en el mercado, por ejemplo.

En ese caso, hay que buscar la mejor opción para aprovechar la oportunidad de innovación. Este aspecto se trata en la segunda etapa del proceso.

Pero incluso cuando no hay motivo aparente para querer innovar, es aconsejable que busques las oportunidades de forma proactiva.

Muchas veces lo mejor es empezar a innovar antes de que sea necesario, es decir, antes de que tu negocio tenga algún tipo de problema que para su resolución exija hacer algo de manera distinta. Cuando no hay una «crisis», innovar es más sencillo. Cuando la hay, el tiempo apremia y los recursos son más escasos, por lo que cambiar la forma de hacer las cosas es más difícil.

¿Cómo puedes encontrar oportunidades para innovar cuando no se presentan de forma evidente?

▶ **Buscando indicios de cambio**
- Analiza tendencias que estén apareciendo en tu sector de actividad o en otros, aunque por el momento sean minoritarias: en tecnología, en técnicas de gestión, con nuevas herramientas, etc.
- Imagina el futuro que pueden marcar estas tendencias, y cómo pueden afectar a tu negocio.

  Ejemplo: ahora está penetrando con fuerza la tendencia de utilizar los teléfonos inteligentes como medio de pago. No se sabe lo que esto puede acabar significando en el futuro, pero de un modo similar debieron de empezar en su día las tarjetas de crédito, el «dinero de plástico». ¿Puedes aprovechar esta tendencia, o alguna parecida?

Ejemplo: no es algo generalizado aún, pero la impresión en 3D está marcando una tendencia. ¿Puede tu negocio beneficiarse de ella?

▶ **Estudiando casos**
Puedes extraer importantes lecciones de lo que les ha sucedido a otras empresas que sean referentes, tanto en tu sector como en cualquier otro.

Ejemplo: Kodak perdió su posición de líder absoluto en el sector de la fotografía porque no supo ver a tiempo el gran potencial que representaba la fotografía digital.

Ejemplo: Amazon consiguió el éxito innovando repetidas veces en su modelo de negocio.

▶ **Analizando los «puntos de dolor» de tu negocio**
Aún no se han convertido en problemas reales, pero seguro que hay actividades en las que no consigues tener un rendimiento adecuado.

Ejemplo: la actividad comercial de tu negocio no consigue los resultados que esperarías de ella. Analizar en detalle las tareas que comprende el proceso actual te servirá para localizar oportunidades de innovar.

▶ **Observando desde la posición del cliente**
Analiza las necesidades de tu CLIENTE. Pregúntale directamente para saber lo que quiere, estudia el problema que

está tratando de resolver, analiza por qué no utiliza un producto o recurso determinado, o por qué lo utiliza de una manera alternativa a como fue diseñado.

Ejemplo: un trabajador de tu empresa utiliza una herramienta informática sin aprovechar todas sus posibilidades, y una parte de la información la procesa utilizando otros medios. La razón puede ser que le parezca demasiado complejo o pesado manejar la herramienta para ciertos fines. Tienes una oportunidad de mejora simplificándola.

Ejemplo: observar cómo un potencial cliente intenta hacer una tarea, y analizar las eventuales dificultades que pueda tener, te puede dar algunas ideas para innovar en un producto.

¡ATENCIÓN! Puede ser que veas oportunidades de innovar donde no las haya realmente, hay que tener en cuenta que la innovación debe producir un VALOR real.

Antes de lanzarte a por una oportunidad:

- Amplía tu información al respecto preguntando a otros o investigando en internet, por ejemplo.
- Intenta comprender bien al CLIENTE de esa oportunidad.
- Pregúntate por qué otros no vieron esa oportunidad antes que tú.
- Hazte preguntas basándote en la definición de innovación:
    - ¿Hay un CLIENTE para esta oportunidad?
    - ¿Es posible la generación de VALOR?
    - ¿Es realmente un CAMBIO lo que se propone?

Ejemplo: muchas empresas se han lanzado a diseñar aplicaciones para teléfonos inteligentes, simplemente porque están de moda. Pero en muchos casos, estas aplicaciones no han generado ningún valor relevante en sus clientes. Es más, muchas de estas aplicaciones tienen una utilidad prácticamente nula.

Ejemplo: puedes pensar en algunas mejoras para tus productos que después tus clientes no apreciarán. Si las mejoras implican una subida de precio, puedes incluso perder clientes.

2 PROPONER IDEAS PARA APROVECHAR LA OPORTUNIDAD DE INNOVACIÓN ENCONTRADA

En esta etapa se trata de generar cuantas más ideas se pueda para aprovechar el potencial de la oportunidad encontrada. No es necesario llegar a una idea final con todo lujo de detalles. Se trata de tener una «reserva» de alternativas posibles antes de tomar una decisión sobre lo que hay que hacer.

Ten en cuenta estas pautas:

▶ **ACTÚA COMO UN INVESTIGADOR**
- Busca ideas en todas las fuentes que puedas:
  - Busca información en internet, lee algún libro especializado en la materia o habla con gente, por ejemplo.
  - Entre toda la información que hayas reunido, intenta encontrar algunos aspectos clave (lo que puede o no puede ser tu idea), o elementos que se repitan.
- Aplicar una solución que se haya desarrollado en un contexto diferente puede funcionar.

Ejemplo: La deconstrucción como técnica de la cocina actual quizá puede generar alguna idea interesante para mejorar algún proceso de tu negocio.

- También puede tener resultados sorprendentes combinar ideas de diferentes orígenes para generar otra nueva. Este proceso es conocido como hibridación.

Ejemplo: existen cafés-biblioteca en los que puedes leer o comprar un libro, al mismo tiempo que te tomas un café y descansas.

Ejemplo: ¿en qué podrían aprovechar los clientes los tiempos muertos en una peluquería?

- Analiza el problema que pretendes resolver desde todas las perspectivas posibles, formulando preguntas del tipo ¿qué pasaría si...?

Ejemplo: ¿Qué pasaría si en el sector de los cítricos se eliminaran todos los intermediarios? Tendríamos negocios que venden estas frutas en línea directamente desde el productor. Busca en internet «naranjas del árbol a la mesa» y verás unos cuantos ejemplos. ¿En qué otra actividad se podría plantear algo análogo?

▶ **DIMENSIONA BIEN TU SOLUCIÓN**

- La calidad es relativa: depende de la percepción del CLIENTE. Lo que para una persona es de alta calidad, para otra no lo es, porque valora sobre todo dimensiones que no se tuvieron en cuenta en el diseño.

- Aunque pueda parecer extraño, es posible sobredimensionar una solución: se puede ofrecer algo «demasiado bueno» que, sin embargo, es complicado de utilizar o demasiado caro como para comprarlo.

Ejemplo: puedes diseñar un producto de muy alta calidad que a tu cliente le parezca fascinante. Pero para producirlo es posible que le tengas que poner un precio que tu cliente no acepte.

▶ **ORGANIZA TU IDEA**

Generar un conjunto de ideas que no estén totalmente definidas no es lo mismo que tener un cajón de sastre en el que todo vale y cada cosa cae de cualquier manera. Tanto si tienes que presentar tu proyecto a otras personas que lo deban autorizar como si es para valorarlo internamente, conviene que con las ideas que te merezcan más confianza hagas un plan que sea comprensible. La presentación del proyecto puede ser más sencilla o más completa, en función del destinatario que lo vaya a estudiar, o del momento del proyecto en el que te encuentres.

Ejemplo: en los ámbitos que tienen que ver con el emprendimiento, se hace referencia en muchas ocasiones al concepto «discurso del ascensor» o *elevator pitch.* Se trata de que seas capaz de explicar los aspectos más críticos de tu idea en unos 30-60 segundos, de modo que puedas captar el interés de alguna persona que tenga la potestad de tomar una decisión al respecto.

3 EVALUAR Y TESTAR IDEAS

Entre todas las ideas generadas en la etapa anterior, seguramente habrá alguna o algunas que tengan más posibilidades de tener éxito y otras que en una segunda revisión más detallada flaqueen y se tambaleen. Antes de lanzarte a la aventura de poner en marcha una idea innovadora, debes poner a prueba las ideas que tengas en tu «reserva», con el objetivo de quedarte con la que parezca más adecuada.

▶ **HAZ VALORACIONES TEÓRICAS SOBRE TU IDEA**
  - Analiza la relación entre el **VALOR** y el **COSTO** de la idea:
    - ¿Qué valor se va a generar para el **CLIENTE**?
    - ¿A qué costo se va a generar dicho valor?

    Ejemplo: un nuevo producto proporciona al cliente una mayor capacidad para realizar un trabajo, pero a cambio debe aprender a trabajar con un método que implica dificultades técnicas importantes.
  - **EL CAMBIO** que se introduzca en un sistema de referencia, ¿tendrá consecuencias colaterales en otras áreas del negocio, o interferirá con otros procesos?

    Ejemplo: un nuevo producto puede implicar una modificación en los canales de distribución que actualmente utilizas. ¿Eso sería viable?
  - Analiza las hipótesis que se tendrían que cumplir para que tu idea tenga éxito. ¿Es posible que se cumplan?

    Ejemplo: el éxito de la innovación de IKEA dependía de dos cosas; que los clientes fueran capaces de transportar los artículos comprados hasta su casa y que supieran montarlos correctamente.

► **H**az pruebas prácticas y experimentos con tu idea

- Por mucho que tu idea pase el filtro de los cálculos y estimaciones teóricas, puede que no sea la idea más adecuada.
- Es necesario pasar a la acción: debes poner a prueba los supuestos que hayas valorado antes.
  - Puedes hacer un experimento que analice el comportamiento de una sola variable de la idea, o un experimento total que pruebe el conjunto.
  - Puedes idear un experimento teórico (simulación) o incluso un experimento práctico.
- Con los datos que consigas, intenta obtener conclusiones que te sirvan para juzgar las suposiciones de las que partías. Es aconsejable que fijes tu atención en aquellos resultados que no esperabas o que se salen de lo normal.

  Ejemplo: puedes hacer un prototipo de un nuevo producto, o una versión beta de una nueva aplicación informática, o probar un nuevo método de atención al cliente.

► **V**ende bien tu idea

- Sea quien sea el cliente de tu innovación, debes saber venderle la idea que has tenido. Si logras convencerle de sus bondades, le tendrás de tu lado dispuesto a colaborar contigo para llegar a la meta.
- Para ello, nada mejor que darle vida a tu idea. Cuanto más real sea la representación que consigas hacer de la idea innovadora que estás planteando, más posibilidades tendrás de tener éxito.

Ejemplo: puedes elaborar una presentación animada que muestre las bondades de tu nuevo producto, o presentar una maqueta que se ajuste lo más posible al resultado final.

4 PONER EN MARCHA LAS IDEAS INNOVADORAS

Ha llegado el momento de pasar a la práctica y dar salida a esas ideas que tanto éxito auguran. Queremos ver cuanto antes el resultado de nuestra innovación. En este paso es muy importante no perder de vista que aún se está en zona de riesgo y se puede fracasar después de todo el esfuerzo invertido en el proyecto. Algunas pautas para controlar esta etapa son:

► **CONTROLA BIEN TUS RECURSOS**
- Al innovar es más que conveniente restringir los recursos dedicados a la puesta en marcha de las nuevas ideas.
- Un plazo de tiempo excesivo, demasiado presupuesto o una gran dispersión en la atención de las personas implicadas, con muchas opciones entre las que elegir, suelen ir en contra de los esfuerzos por la innovación.
- Lo mejor que puedes hacer es establecer algunas restricciones: de tiempo, de recursos económicos o de alternativas por probar.
- Siempre es interesante en cualquier proyecto innovador intentar obtener algún resultado palpable en un corto plazo de tiempo, de modo que el ánimo siempre se mantenga en alto y el equipo sea optimista.

► Impide que la operación diaria deje en el olvido
la idea innovadora

- Toda idea innovadora que intentes desarrollar en tu empresa va a tener que convivir con su funcionamiento rutinario.
- Simultáneamente, vas a intentar hacer cosas de una manera diferente y otras del mismo modo que siempre.
- En estas situaciones, existe el riesgo de que la inercia del negocio acabe apartando la nueva idea a un lado, olvidándola. Por ello, es necesario mantener una supervisión constante sobre los avances que se vayan consiguiendo en la implantación de la idea innovadora.

► Da más importancia a la manera de hacer las cosas
que a los resultados

- Por muchos mecanismos que se pongan para reducir el riesgo de fracaso, la innovación no dejará nunca de ser una actividad incierta. Hacer algo de manera distinta no puede tener un resultado completamente predecible. Por ello, considera que tu proyecto innovador puede tener un mal resultado.
- Si llega el caso, no desesperes. Valora el fracaso obtenido como una importante lección aprendida y como un paso más hacia el éxito final.
- Si tu equipo ha cubierto todas las etapas de forma adecuada, merece una felicitación independientemente del resultado obtenido.
- Desarrollar habilidades críticas para la innovación es más importante que los éxitos que se puedan lograr en los primeros intentos.

4 INNOVACIÓN SISTEMÁTICA, LA HERRAMIENTA DEFINITIVA

¿Cuándo la innovación se convierte en la herramienta definitiva de mejora de un negocio? Cuando se practica de manera SISTEMÁTICA.

Innovar esporádicamente, en las ocasiones en las que se presenta una oportunidad clara de la mano de algún problema, error de calidad o pérdida de un cliente, por ejemplo, es muy beneficioso. Pero convertir la innovación en una rutina es incomparablemente mejor.

La práctica continuada conlleva el perfeccionamiento de todas las habilidades necesarias para innovar con éxito.

Además, la constante búsqueda de oportunidades de mejora hará que tu empresa vaya siempre «un paso por delante» de las circunstancias.

Llegará un momento en el que detectar una tendencia novedosa, intuir un riesgo potencial o mirar con los ojos del CLIENTE se convertirá para tu equipo en algo tan natural como respirar o caminar.

Se trata de instaurar en tu negocio una CULTURA DE LA INNOVACIÓN, haciendo que sus principios estén presentes en cualquier actividad que se desarrolle.

Los beneficios no se harán esperar.

SEGUNDA PARTE

Aspectos de una pyme en los que aplicar la innovación como herramienta de mejora

En esta parte del libro se va a revisar un amplio conjunto de aspectos en los que una pyme puede utilizar la innovación para conseguir un mejor resultado.

Se trata esencialmente de los aspectos que se mencionaron en la INTRODUCCIÓN, de los que se decía que:

- No están directamente relacionados con el tamaño del negocio.
- Pueden limitar de manera significativa el rendimiento del negocio.
- Se pueden mejorar fácilmente mediante la introducción de algunas herramientas y técnicas en los métodos de trabajo.

La estructura de cada uno de los capítulos sigue los pasos definidos en el capítulo 3 en cuanto a metodología para practicar la innovación.

No obstante, la aplicación de este método no es del todo rigurosa, dado que, en los siguientes capítulos, la oportunidad de mejora que se pretende transformar en valor ya ha sido detectada, y las ideas para aprovechar la oportunidad son directamente propuestas, sin realizar la búsqueda y el análisis previos.

El método descrito en el capítulo 3 se puede aplicar en su totalidad en el contexto de la innovación en productos o servicios, tal como se expresa en el capítulo 18.

A modo de orientación, se han agrupado los capítulos en bloques en los que el área de trabajo es homogénea. La figura 1 presenta esta agrupación.

La empresa está diseñada y planificada para satisfacer las **NECESIDADES** de los clientes y generar **VALOR**. En este aspecto es muy importante la mentalidad de las personas involucradas.

La imagen corporativa o del producto o servicio es el primer contacto que la empresa tiene con sus clientes potenciales, con los que establece una comunicación que intenta ser eficaz.

La empresa explora su horizonte en busca de oportunidades para desarrollarse.

Los elementos clave para su buen funcionamiento son su forma de operar, sus recursos, el uso que haga de la tecnología y, sobre todo, su dimensión humana.

Figura 1.

DISEÑO Y PLANIFICACIÓN

La empresa debe estar correctamente diseñada, de modo que se tengan claros los OBJETIVOS que hay que cumplir y cómo alcanzarlos a través de una serie de etapas que deberán ser planificadas.

Debe quedar claro el camino por el que la empresa crea VALOR para sus clientes y obtiene VALOR a cambio. Cuál es la propuesta que hace a sus clientes, cómo se relaciona con ellos, qué actividades resultarán clave o cuál será el costo de todo ello, entre otros aspectos.

Los procesos que componen el negocio deben ser conocidos en profundidad, de manera que puedan ser controlados y monitorizados en la operación diaria. De ellos se extraerá la información necesaria para una correcta toma de decisiones.

En la etapa de planificación de la empresa se puede decidir dotarla de certificaciones basadas en normas internacionales que atestiguan su buena gestión.

Figura 2.

5 VISIÓN DE NEGOCIO Y PLANIFICACIÓN ESTRATÉGICA

Imagina tu empresa dentro de tres años. ¿Tienes una imagen clara en la cabeza? ¿Serías capaz de detallar lo que ves con algunos datos específicos?

Si la respuesta es negativa, la oportunidad de mejorar es importante. No tener una visión clara de lo que podría llegar a ser un negocio en un plazo temporal de unos tres años significa desconocer la dirección en la que debería avanzar y, por tanto, implica también que la dirección en la que se mueve depende fundamentalmente de las circunstancias de cada momento.

En esas condiciones, ¿qué estrategia puedes aplicar? ¿Cuál será la planificación de los siguientes movimientos que hará tu empresa? Y, además, ¿cómo puedes conseguir que las personas que forman parte de ella participen activamente de unos objetivos que no están nada claros?

▶ **Sistema de referencia**
Planificación de negocio.

▶ **Cambio a introducir**
Establecer una meta para tu empresa, con unos objetivos específicos a alcanzar y una dirección en la que trabajar.

▶ **Valor que se generará**

- Organización más eficiente de los recursos disponibles.
- Mejor aprovechamiento de las oportunidades que se presenten y mayor potencial de generar oportunidades en la propia empresa.
- Mayor implicación del equipo humano, al compartir con ellos una imagen de éxito ilusionante y motivadora.
- Desarrollo más rápido y seguro, generando una economía sólida.

PROPUESTA DE IDEAS PARA LA INNOVACIÓN

1 DISEÑA TU VISIÓN DE NEGOCIO

- Analiza la situación actual de tu empresa: situación en el mercado, perfiles de clientes, beneficios obtenidos, recursos utilizados, puntos fuertes y puntos débiles.
  - Para hacer este análisis, procura estar en un sitio tranquilo, preferiblemente lejos de la oficina en la que se acumulan las tareas y constantemente surgen imprevistos. Reflexiona con calma, sin acordarte durante un rato de los asuntos pendientes, las llamadas y las urgencias.
  - Sé minucioso. Anota todo cuidadosamente, con detalle. Se trata de que llegues a una imagen muy realista de lo que es tu empresa en el momento actual. Si detectas riesgos, descríbelos de manera vívida, que se puedan sentir, y haz lo mismo con las oportunidades de éxito.

- Define la situación en la que quieres que tu empresa esté en un plazo de tiempo próximo, pongamos por ejemplo en los próximos tres años. Esta será tu VISIÓN DE NEGOCIO.
  - Al igual que antes, trabaja bien los detalles. Se trata de que tengas una imagen clara de lo que será tu empresa dentro de un tiempo. Cuánto facturará, cuántas oficinas o delegaciones tendrá y con cuántos nuevos recursos o infraestructuras podrá contar, por ejemplo.
  - Debes plantearte una realidad futura que te resulte atractiva y te suponga un reto. Si algo no parece un reto para ti, probablemente no tendrás muchas ganas de afrontarlo. Y no serás capaz de «vendérselo» al resto de personas que vayan a tener que contribuir al resultado.
  - Es interesante que escribas utilizando el tiempo presente. Eso te ayudará a trasladarte hasta allí como si ya lo hubieras conseguido.

2 Diseña una estrategia

- Visualiza las etapas que se deberían cubrir para alcanzar la situación descrita en la VISIÓN DE NEGOCIO.
  - Teniendo bien definida la imagen del futuro de tu empresa, seguro que se te ocurren rápidamente los pasos que deberías dar.
  - Investiga, comparte tu visión con otras personas, «toma prestado» lo que hicieron otras empresas que sean para ti un referente.
- Escribe una primera versión de la ESTRATEGIA que vas a seguir para lograr la meta.

- ¿Qué se debería hacer para ir alcanzando las etapas marcadas?
- ¿En qué orden se tendrán que dar los pasos para ir cubriendo etapas?
- Lógicamente, la estrategia planteada tendrá muchos puntos con un nivel elevado de incertidumbre. No se puede prever qué va a pasar exactamente en el futuro.
- Tu estrategia puede parecer incompleta y un poco vaga. Pero no es un problema, porque la podrás ir completando y concretando según avances.

EVALUACIÓN DE IDEAS

En el diseño de la estrategia habrás supuesto que se van a dar algunos factores que resultan críticos para la consecución de cada etapa. Intenta analizar si estas suposiciones son acertadas.

Te puedes basar en experiencias semejantes de tu empresa o en casos parecidos protagonizados por otras organizaciones.

Haz una estimación de los factores más importantes que contiene la estrategia diseñada: costos, tiempos, recursos, etc. Decide si tu empresa podrá ejecutar las etapas diseñadas soportando estos aspectos.

Intenta hacer alguna simulación de tu estrategia o de parte de ella. De forma teórica (con los aspectos calculados antes) o incluso en la práctica. Puedes hacer algún experimento para comprobar si tus cálculos son acertados.

Comunica a tu equipo la VISIÓN y ESTRATEGIA que has diseñado, esforzándote para que puedan formarse una imagen realista de la meta que te has planteado. Recoge sus impresiones:
qué les convence más, las dudas que surgen y las objeciones que
tengan.

1 HAZ UNA PLANIFICACIÓN

Decide qué, quién, cómo, en qué plazo, etc., al menos para
los primeros pasos que se hayan de dar según la ESTRATEGIA
diseñada.

- Aquí sí tienes que ser muy concreto: se trata de realizar una
  serie de acciones específicas, no de definir direcciones de
  avance o etapas globales.
- Practica la escasez selectiva: no establezcas plazos de
  tiempo excesivamente largos, ni dediques excesivos recursos. Solo conseguirás retrasar la acción y, posiblemente,
  cometer más errores.

2 MIDE, ANALIZA LOS RESULTADOS Y TOMA DECISIONES

- Recoge la máxima información posible de cada acción em-
  prendida: cuánto se ha tardado, cuál es el costo real, cuáles
  han sido los resultados, etc.
- Analiza la información obtenida.
  - ¿Se ajusta a lo previsto? ¿Mejora la previsión o la empeora?
  - ¿Los resultados son compatibles con la ESTRATEGIA diseñada?

- Toma decisiones respecto a las acciones siguientes.
  - ¿Sigue siendo válida la planificación diseñada?
  - ¿Hay que introducir nuevas acciones o eliminar alguna?
  - Incluso puede que tengas que replantearte la ESTRATEGIA diseñada.

3 COMPARTE LA EVOLUCIÓN DEL PROYECTO CON TU EQUIPO

- Es muy conveniente que planifiques reuniones con aquellas personas con mayor implicación en la ESTRATEGIA.
- El control y el seguimiento periódicos evitarán que el día a día termine dejando a un lado el proyecto de futuro que has planteado.
- Si se producen resultados contrarios a lo esperado, fija la atención de tu equipo en las lecciones aprendidas y las oportunidades generadas con el trabajo realizado hasta el momento.

EJEMPLO

VISIÓN DE NEGOCIO DE UN GIMNASIO LOCAL

Además del local que tenemos ahora, queremos abrir dos locales más.

El local actual está situado en el casco histórico de la ciudad y los otros se ubicarán en una importante zona industrial.

En cada local dispondremos de productos especialmente desarrollados para los clientes de esas zonas. En el local del casco histórico hemos desarrollado programas específicos para personas jubiladas que quieren mantener su forma física, mientras que en la zona industrial se implantará una organización de horarios y funcionamiento adaptada a las necesidades de los trabajadores que quieren entrenarse: aprovechando la hora de la comida o antes de ir al trabajo.

Tenemos una posición distinguida en la ciudad, donde se reconoce el carácter innovador de nuestra empresa.

Nuestra clientela es estable y garantiza la estabilidad de los ingresos de la empresa.

Cada temporada presentamos un producto innovador: paquetes especiales, entrenamientos específicos para diferentes momentos (pre y post parto, personas con lesiones de espalda, etc.).

Además, disponemos de una aplicación para teléfonos inteligentes con la que los usuarios pueden programar sus visitas al gimnasio y hacer seguimiento de sus progresos.

- ¿Qué etapas debería completar el gimnasio para que, desde su situación actual con un solo local, llegue en tres años a la situación descrita en su visión de negocio?

RECUERDA

VISIÓN DE NEGOCIO
Imagen de tu negocio en un futuro próximo.

ESTRATEGIA
Etapas que deben cubrirse para alcanzar la VISIÓN DE NEGOCIO.

PLANIFICACIÓN
Acciones concretas que hay que realizar para cubrir cada etapa de la ESTRATEGIA.

---

6 MODELO DE NEGOCIO

El **MODELO DE NEGOCIO** describe de forma esquemática el funcionamiento de una empresa: los mecanismos por los que consigue crear un producto o servicio que soluciona una necesidad de sus clientes, el sistema de entregarlo a estos de manera que les aporte **VALOR**, y el modo de recibir a cambio un beneficio económico, una consideración positiva en el mercado. En definitiva obtener también **VALOR**.

Observando el modelo de negocio como un conjunto de procesos y procedimientos que deben funcionar de forma coordinada, se pueden localizar posibles puntos en los que introducir cambios que produzcan un mejor funcionamiento del sistema.

Opciones que en el día a día del negocio no serían mínimamente visibles, es posible identificarlas sin embargo al analizar el modelo de negocio.

Metido en la rutina diaria de trabajo, ¿qué ideas se te ocurren para mejorar el rendimiento de tu empresa, para obtener una mayor cuota de mercado o introducirla en nuevos mercados? Puede que te vengan a la cabeza ideas aisladas sobre algún aspecto particular que podrías desarrollar, pero ¿cómo encajarlas en el conjunto del negocio? ¿Cómo saber si no supondrán un riesgo demasiado elevado?

Sobre el esquema del modelo de negocio, sin embargo, analizar el encaje de nuevas ideas es mucho más sencillo.

► **Sistema de referencia**
Planificación de negocio.

► **Cambio a introducir**
Analizar el modelo de negocio en busca de nuevas ideas que mejoren el rendimiento y el beneficio obtenido.

► **Valor que se generará**
- Mayor capacidad para proponer ideas para mejorar los resultados de la empresa.
- Disponer de un «laboratorio» en el que probar nuevas alternativas.
- Saber discernir los aspectos del negocio a los que afectará una idea novedosa.
- Capacidad de simulación de diferentes escenarios, previendo el comportamiento de la empresa en cada uno de ellos.

PROPUESTA DE IDEAS PARA LA INNOVACIÓN

1 UTILIZA EL *BUSINESS MODEL CANVAS*
- Emplea como herramienta de trabajo el *business model canvas* para hacer diseños como el que se muestra en la figura 3.[1]

....

[1] Se puede descargar de las webs www.businessmodelgeneration.com o www. innovacion.cl.

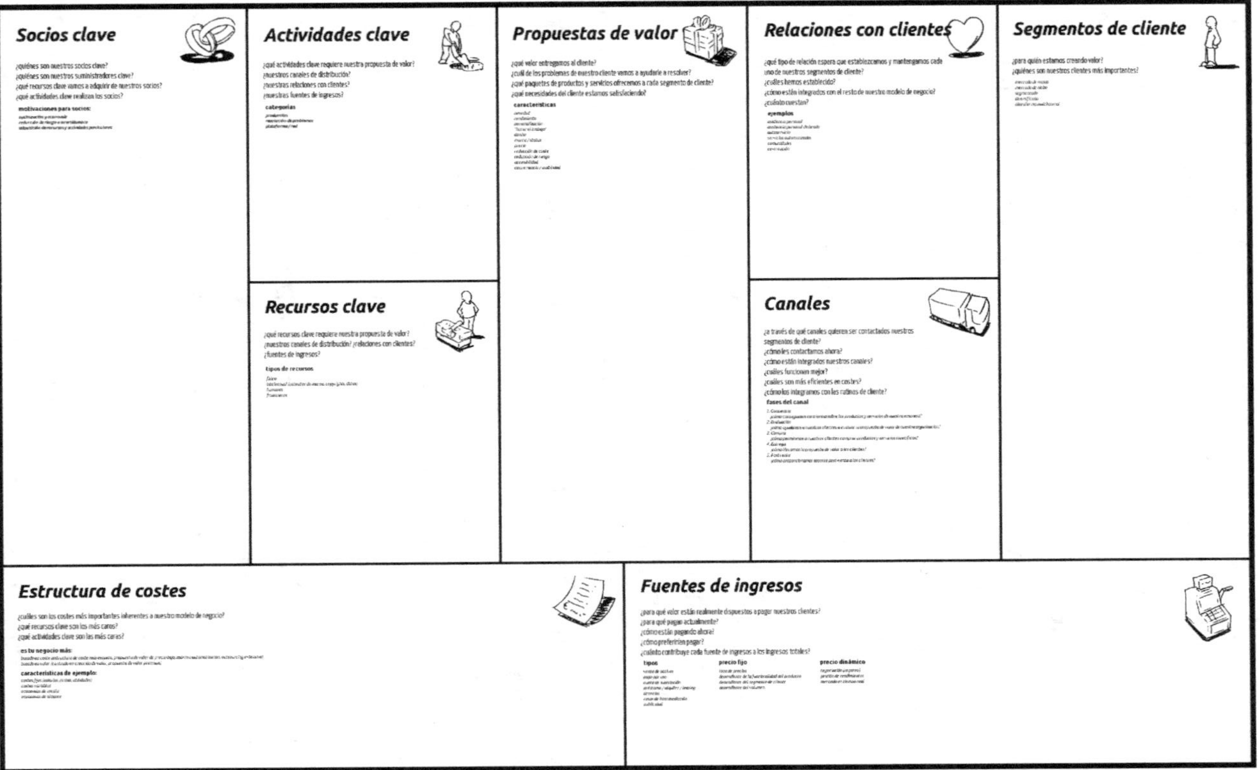
Socios clave
¿quiénes son nuestros socios clave?
¿quiénes son nuestros suministradores clave?
¿qué recursos clave vamos a adquirir de nuestros socios?
¿qué actividades clave realizan los socios?
motivaciones para socios:
Actividades clave
¿qué actividades clave requiere nuestra propuesta de valor?
¿nuestros canales de distribución?
¿nuestras relaciones con clientes?
¿nuestras fuentes de ingresos?
categorías
Propuestas de valor
¿qué valor entregamos al cliente?
¿cuál de los problemas de nuestro cliente vamos a ayudarle a resolver?
¿qué paquetes de productos y servicios ofrecemos a cada segmento de cliente?
¿qué necesidades del cliente estamos satisfaciendo?
características
Relaciones con clientes
¿qué tipo de relación espera que establezcamos y mantengamos cada uno de nuestros segmentos de cliente?
¿cuáles hemos establecido?
¿cómo están integrados con el resto de nuestro modelo de negocio?
¿cuánto cuestan?
ejemplos
Segmentos de cliente
¿para quién estamos creando valor?
¿quiénes son nuestros clientes más importantes?
Recursos clave
¿qué recursos clave requiere nuestra propuesta de valor?
¿nuestros canales de distribución? / relaciones con clientes?
¿fuentes de ingresos?
tipos de recursos
Canales
¿a través de qué canales quieren ser contactados nuestros segmentos de cliente?
¿cómo les contactamos ahora?
¿cómo están integrados nuestros canales?
¿cuáles funcionan mejor?
¿cuáles son más eficientes en costes?
¿cómo los integramos con las rutinas de cliente?
fases del canal
Estructura de costes
¿cuáles son los costes más importantes inherentes a nuestro modelo de negocio?
¿qué recursos clave son los más caros?
¿qué actividades clave son las más caras?
es tu negocio más:
características de ejemplo:
Fuentes de ingresos
¿para qué valor están realmente dispuestos a pagar nuestros clientes?
¿para qué pagan actualmente?
¿cómo están pagando ahora?
¿cómo preferirían pagar?
¿cuánto contribuye cada fuente de ingresos a los ingresos totales?
tipos
precio fijo
precio dinámico

Figura 3.

- Se trata de una representación gráfica del modelo de nego-
  cio, en la que este se divide en nueve elementos clave:
  - Colaboradores clave: los agentes que deben colaborar
    necesariamente con tu empresa para que esta funcione
    correctamente.
  - Actividades clave: actividades sin las cuales tu empresa
    no sería viable.
  - Recursos clave: recursos fundamentales para que tu or-
    ganización funcione.
  - Proposición de valor: valor que tu empresa ofrece al mercado.
  - Relación con clientes: actividades que promueven cultivar
    relaciones de confianza y fidelidad con los clientes.
  - Canales: canales de venta y distribución que se utilizan
    para hacer llegar los productos y servicios al mercado.
  - Segmentos de clientes: tipos diferentes de clientes a los
    que tu empresa se dirige, en función de unos parámetros
    determinados.
  - Estructura de costos: diferentes costos económicos que
    genera el funcionamiento de tu organización.
  - Vías de ingresos: orígenes de los ingresos de tu empresa.

2 Cumplimenta el modelo *canvas* con los elementos actuales de tu empresa

- Una manera en la que se suele utilizar esta herramienta es
  cumplimentándola sobre un soporte que sea fácilmente mo-
  dificable.

  Ejemplo: sobre la representación del *canvas*, con un tamaño adecuado, se pueden pegar tarjetas autoadhesivas

con los diferentes elementos, de modo que se puedan poner
y quitar con facilidad para poder hacer diversas simulaciones del modelo de negocio.

Ejemplo: se puede dibujar el *canvas* sobre una pizarra y
añadir la información con un rotulador que se pueda borrar
fácilmente.

3 ANALIZA LOS ELEMENTOS DEL MODELO DE NEGOCIO ACTUAL EN EL *CANVAS*, Y BUSCA POSIBLES CAMBIOS QUE CONSIGAN UN MAYOR RENDIMIENTO

- Todos los elementos del modelo de negocio están interrela-
cionados, así que un cambio en alguno de ellos conllevará
cambios en otros.

- Puedes trabajar haciendo preguntas del tipo «qué pasaría
si...».

Ejemplo: ¿qué pasaría si modificara de la manera X mi
proposición de valor? ¿Accedería a un mayor segmento de
clientes en el mercado? ¿Se abrirían nuevas formas de rela-
cionarme con los clientes?

Ejemplo: ¿qué pasaría si eliminara algunas de las actividades de mi empresa que no parece que aporten un valor
significativo? ¿Cambiaría la proposición de valor? ¿Reduci-
ría mi estructura de costos?

Ejemplo: ¿qué pasaría si buscara nuevos colaboradores
para mi negocio, de forma que pudiéramos ampliar la proposición de valor? ¿Afectaría al canal por el que hacemos
llegar nuestros servicios a los clientes?

En este ámbito, es fundamental la colaboración entre todas las partes implicadas: colaboradores, clientes y el propio equipo humano de la empresa.

Para hacer propuestas de ideas novedosas que modifiquen en cierta medida el modelo de negocio, debes contar con todos ellos para hacer una evaluación teórica previa y los experimentos prácticos posteriores.

PUESTA EN MARCHA

1 Implementa las nuevas opciones para tu modelo de negocio de manera gradual. Un cambio provoca a su vez alteraciones en los diferentes elementos, por lo que no es conveniente hacer varios cambios simultáneos, salvo que esa sea la única manera de trabajar.

2 Es necesario medir y analizar los datos para asegurar buenos resultados.

3 Mientras una modificación del modelo de negocio esté en «fase piloto», mantén unas restricciones en cuanto a los recursos que consume esa alternativa.

4 Es conveniente que diseñes un plan B para modificaciones del modelo de negocio si sus resultados no muestran el be-

neficio deseado. A veces no será tan fácil como regresar al modelo de negocio anterior.

5 Cada nueva opción que se ponga en marcha tendrá al principio una cierta debilidad, en comparación con la fortaleza de los procesos habituales del negocio. Por ello, deberás tomar medidas excepcionales de protección de esas nuevas alternativas, de modo que no sean derribadas por el modelo de negocio que se pretende cambiar.

RECUERDA

Debes tener un formato adecuado del *business model canvas* en el que poder trabajar con comodidad, añadiendo y quitando elementos para evaluar el resultado de cada alternativa.

7 ANÁLISIS DE PROCESOS

¿Conoces bien el detalle de cada actividad de tu empresa? Es evidente que el núcleo de lo que hace tu organización lo debes conocer a la perfección. Pero, ¿y el resto de actividades? ¿Sabes cómo interaccionan unas con otras y si hay dependencias críticas?

Cuando aparecen errores de calidad, ¿puedes decir con precisión qué factor ha fallado y si el fallo ha tenido otras causas indirectas?

Al pensar en mejorar tu empresa, ¿te da la sensación de que no sabes por dónde empezar? ¿Crees que si cambias algo las consecuencias pueden ser imprevisibles?

Si no has hecho hasta ahora un **ANÁLISIS DE PROCESOS**, tienes una gran oportunidad de mejora. Con él sabrás de qué factores críticos depende cada una de las actividades de tu negocio, cómo se relaciona con las demás, qué mecanismos de operación hacen que se mantenga bajo control y cómo optimizar los recursos que consume.

Un buen **ANÁLISIS DE PROCESOS** te transforma en un técnico de élite para los mecanismos de tu empresa.

▶ **Sistema de referencia**

Planificación de negocio; operación de negocio.

▶ **Cambio a introducir**

Construir una herramienta de análisis de todas las actividades que se desarrollan en la empresa, que facilite información completa acerca del rendimiento de cada una de ellas y su interacción con otras, de modo que las decisiones en cuanto a planificación, gestión de recursos, mejoras, etc., se tomen sobre la base de datos objetivos.

▶ **Valor que se generará**

- Mayor capacidad de análisis del rendimiento de la empresa.
- Discernimiento de lo que funciona y no funciona en ella.
- Mayor capacidad de diagnóstico de fallos y facilidad para aprender lecciones importantes en su resolución.
- Información objetiva sobre la que basar las decisiones que afecten a las operaciones.

PROPUESTA DE IDEAS PARA LA INNOVACIÓN

▼

DIBUJA UN MAPA DE PROCESOS

▶ **¿QUÉ ES UN PROCESO?**

Es un conjunto de actividades que transforman uno o varios elementos de ENTRADA en uno o varios elementos de SALIDA, consumiendo para ello unos RECURSOS.

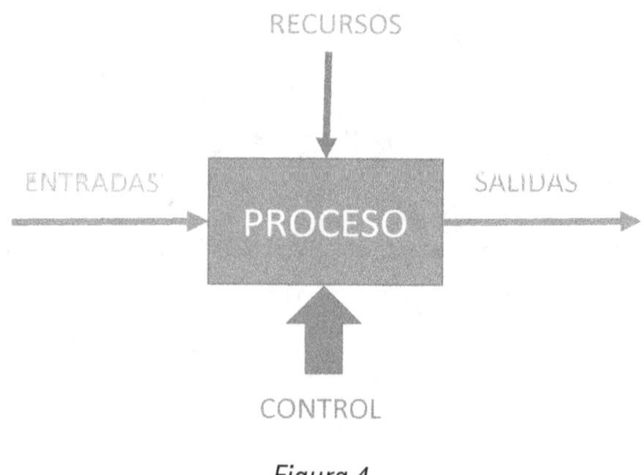

Figura 4.

- Como puedes observar en la figura 4, todo proceso debe ser sometido a CONTROL. Es decir, no se puede ejecutar de cualquier manera. Debe hacerse teniendo en cuenta unos límites y unos mecanismos. Ejemplos:
  - PROCESO COMERCIAL: transforma clientes potenciales en clientes reales. Para ello consume recursos: personas que ejercen la labor comercial, folletos y demás documentación comercial, vehículos, combustible, etc.
  - PROCESO DE VENTA EN LÍNEA: transforma una petición de compra en una compra real. Para ello es necesario disponer de una plataforma de venta en línea, una pasarela de pago, facturación en tiempo real con envío inmediato al cliente, etc.
  - PROCESO DE PRODUCCIÓN: transforma las materias primas en productos terminados, utilizando maquinaria, mano de obra, energía, etc.

- PROCESO DE COMPRAS: transforma necesidades de recursos en recursos servidos en plazo y forma. Para ello, es necesario disponer de personal que se encargue del proceso, recursos económicos, necesidades de compras bien definidas, etc.
  - PROCESO DE INNOVACIÓN: transforma oportunidades de mejora en valor, en un determinado sistema de tu negocio.
- Si observas tu empresa, seguro que puedes reconocer de manera inmediata algunos de sus procesos.

▶ ¿QUÉ ES UN MAPA DE PROCESOS?

Es la representación del conjunto de procesos que definen un negocio, convenientemente ordenados de modo que se perciban las INTERACCIONES entre unos y otros.

- En la figura 5 se muestra un mapa sencillo que puede servir perfectamente para un negocio de tamaño pequeño o mediano.

EVALUACIÓN DE IDEAS

Piensa bien el nivel de detalle con el que vas a trabajar en el MAPA DE PROCESOS. Si es muy bajo, es posible que no puedas obtener toda la información necesaria para operar correctamente los procesos de tu negocio, o que no sean visibles algunas interacciones importantes entre diferentes procesos. Por el contrario, sin trabajas con un nivel de detalle muy alto,

MAPA DE PROCESOS

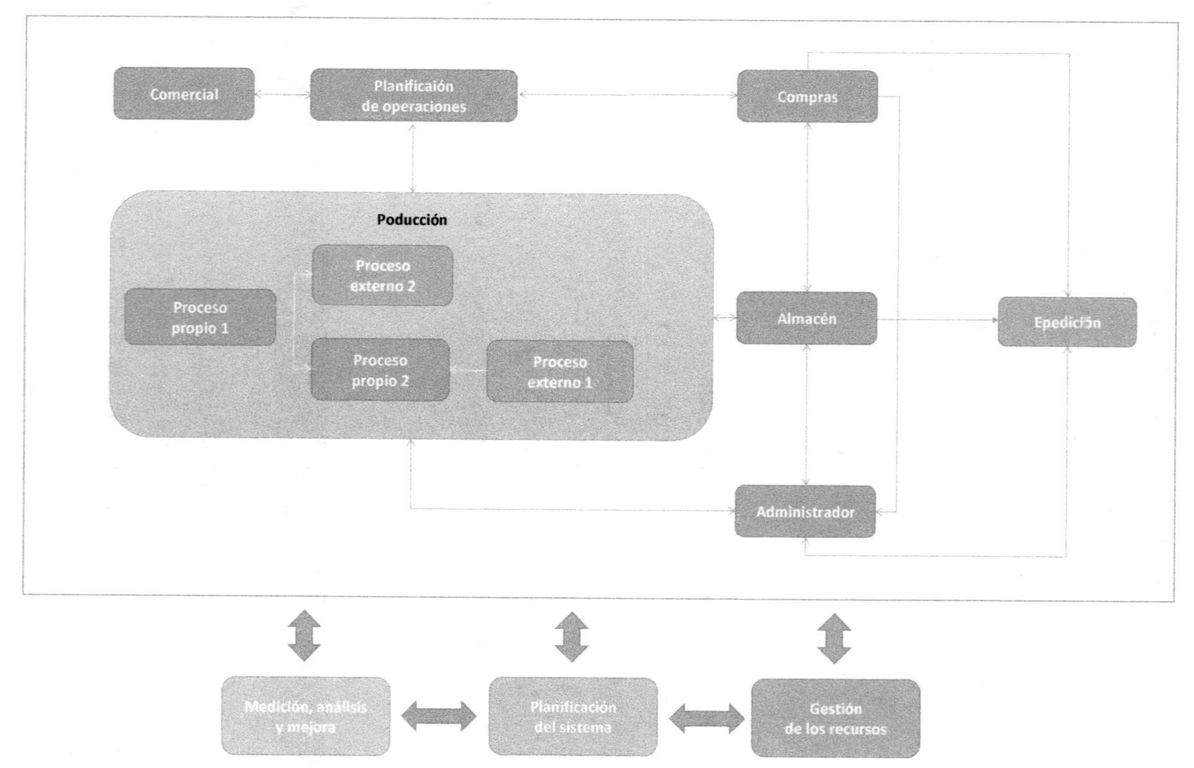

Figura 5.

puede que el mapa de procesos resulte una herramienta difícil de utilizar, y que de la enorme cantidad de información que produzca, una parte significativa no sea muy útil.

Decide quién se encargará de la gestión de la información de cada uno de los procesos, y cómo procesará y canalizará dicha información. Analiza si la información de cada proceso es fácil de obtener, si requiere de una elaboración previa o los datos en bruto son complejos de extraer.

Puedes hacer pequeños experimentos con algún proceso determinado para comprobar si realmente se puede operar y optimizar dicho proceso con los mecanismos previstos en el ANÁLISIS.

Piensa cómo vas a presentar esta idea para implicar y motivar a tu equipo humano. Expresa de manera vital y realista las ventajas que obtendréis disponiendo de un MAPA DE PROCESOS y utilizándolo en el día a día.

PUESTA EN MARCHA

Puedes construir el MAPA DE PROCESOS de tu empresa siguiendo estos sencillos pasos:

1. Haz un inventario de las actividades que comprende tu empresa.
2. Agrupa las actividades en los procesos que correspondan. Te darás cuenta de manera natural qué actividades conforman cada proceso.

3. Analiza bien las ENTRADAS y SALIDAS de cada proceso.

4. Analiza bien los RECURSOS que consume cada proceso y cómo establecer los CONTROLES necesarios.

5. Analiza en profundidad las INTERACCIONES existentes entre los diferentes procesos.

6. Define un conjunto de INDICADORES: variables que se puedan medir de cada proceso. Deben ser indicadores con los que puedas trabajar de un modo eficaz y cómodo, y que te suministren información de calidad.

Después de este trabajo, tienes a tu disposición un panel de mandos muy eficaz para pilotar tu empresa. Con el mapa de procesos puedes prever cómo puede afectar una mejora a ciertas actividades o áreas. Ahora puedes saber cómo localizar los errores de los que provienen los fallos visibles y qué hay que controlar para mantener un proceso dentro de los límites previstos.

Debes poner en marcha un PROCEDIMIENTO DE TRABAJO CÍCLICO:

1 MEDIR las variables de los procesos a través de los INDICADORES.

2 ANALIZAR la información.

3 DECIDIR lo que hacer con los diferentes procesos, de acuerdo con la información disponible.

4 PLANIFICAR modificaciones, recursos, mejoras, etc.

Establece una periodicidad para ejecutar este ciclo.

▶ **PROCESO DE PRODUCCIÓN**

- **ENTRADAS**: materias primas.
- **SALIDAS**: productos terminados.
- **RECURSOS**: maquinaria y personal implicados en el proceso, fuentes de energía e información necesaria para la producción.
- **CONTROL**: controles dimensionales, tiempos de producción, controles de calidad, etc.

En este caso se trataría de un proceso complejo, que seguramente se compone de varias etapas de producción, en las que puede haber productos semielaborados.

Convendría dividir el proceso global en varios **SUBPROCESOS**, que serían analizados de manera análoga a los procesos.

RECUERDA

Debes tener un formato adecuado del *business model canvas* en el que poder trabajar con comodidad, añadiendo y quitando elementos para evaluar el resultado de cada alternativa.

8 CERTIFICACIONES DE SISTEMAS DE GESTIÓN

Las certificaciones basadas en estándares internacionales pueden situar a una pyme en un estatus superior, dando a conocer a todas las partes interesadas que cumple una serie de requisitos que hacen que su gestión sea excelente y totalmente fiable.

En el área de la gestión de la calidad, ISO 9001 es una manera de ofrecer a los potenciales clientes la confianza necesaria para que se decidan a comprar.

En las áreas de gestión ambiental, seguridad laboral y seguridad de la información, es una forma de decir que tu organización va más allá de lo establecido por las correspondientes legislaciones, en busca de la excelencia en su gestión.

Las certificaciones potencian en gran medida la imagen de una empresa, tanto en el mercado nacional como en los mercados internacionales.

Además, constituyen poderosas herramientas de gestión para las pymes.

▶ **Sistema de referencia**
Planificación de negocio.

▶ **Cambio a introducir**

- Dotar a la empresa con certificaciones para sus sistemas de gestión basadas en estándares internacionales.

▶ **Valor que se generará**

- Imagen que destaca sobre la competencia.
- Mensaje de fiabilidad para los clientes.
- Gestión optimizada al cumplir los requisitos de las normas de referencia.

PROPUESTA DE IDEAS PARA LA INNOVACIÓN

Certifica los sistemas de gestión de tu empresa en áreas estratégicas para su desarrollo:

- CALIDAD CON ISO 9001.
- MEDIO AMBIENTE CON ISO 14001.
- SEGURIDAD LABORAL CON OHSAS 18001.
- SEGURIDAD DE LA INFORMACIÓN CON ISO 27001.

EVALUACIÓN DE IDEAS

Estos sistemas de gestión certificados han sido tradicionalmente considerados por las pymes como no viables para ellas. La excesiva complejidad, el alto costo, los plazos de tiempo largos y el escaso valor percibido en estos sistemas han hecho que durante décadas se considerasen algo propio de grandes organizaciones.

Pero actualmente se han simplificado mucho los métodos de implementación y se han reducido considerablemente los costos asociados a trabajos de consultoría y certificación. En ambos casos han aparecido alternativas comerciales a través de empresas que han adaptado sus productos a las necesidades particulares de las pymes.

Para la implantación de cualquiera de estos sistemas de gestión certificables, es imprescindible el liderazgo de la dirección de la empresa y la total colaboración de su equipo humano.

Estos sistemas de gestión implican una serie de aspectos comunes que beneficiarán a tu empresa en aspectos importantes:

- **Conocimiento a fondo de la empresa**
  Todas las normas implican el análisis detallado de los procesos de trabajo, relaciones entre ellos, parámetros de control, etc.

- **Información valiosa**
  La operación de estos sistemas te dará una gran cantidad de información sobre tu empresa y su funcionamiento.

- **Comunicación óptima con clientes y otras partes interesadas**
  Es fundamental en estos sistemas la comunicación con clientes para averiguar su nivel de satisfacción, para informar de los impactos ambientales de la empresa, medidas de seguridad implementadas en las operaciones de producción, etc.

- **Detección de necesidades**

  La aplicación de estas normas implica detectar las principales necesidades de una organización, en cuanto a recursos materiales o humanos, formación, metodologías de trabajo, instrucciones de operaciones, etc.

- **Mejora continua**

  Todos se basan en la implementación de un ciclo de mejora continua: planificar-hacer-analizar-decidir. La operación de estos sistemas producirá en tu empresa una optimización progresiva de su funcionamiento.

- **Revisiones periódicas**

  Todos ellos conllevan la obligación de revisar el sistema en sus principales elementos periódicamente, con lo que te asegurarás de que no va a quedar ninguna «zona oscura» que no sea revisada en un largo periodo de tiempo.

- **Lecciones aprendidas**

  Estos sistemas basan una parte importante de su potencia en el aprendizaje que proviene de los fallos que se producen. Aprenderás a hacer de los errores libros en los que estudiar importantes lecciones para el futuro.

- **Objetivos y metas**

  En todos ellos se encuentra la obligación de poner objetivos claros y metas precisas para tu empresa. Por tanto, contarás con herramientas que clarificarán el camino a seguir en la búsqueda de la mejora.

- **Orden**

  Estos sistemas implican tener perfectamente localizados los documentos de trabajo y la revisión periódica de todos los elementos y equipos que forman tu empresa, por lo que otro efecto que obtendrás será la mejora de la organización general.

Veamos algunas de las características esenciales de cada una de las normas mencionadas:

▶ **GESTIÓN DE LA CALIDAD: ISO 9001**
  - El fin último es el cumplimiento de los requisitos de los clientes y el aumento de su satisfacción.
  - Se establece un canal de comunicación fluida con los clientes: se les debe comunicar la política de calidad establecida y encuestar sobre su nivel actual de satisfacción, y se deben establecer claramente los requisitos que tu empresa deberá cumplir.
  - Se analizan todos los procesos sobre la base de la capacidad o limitación que aportan para poder entregar los productos y servicios de la manera planificada con los clientes.

▶ **GESTIÓN DEL MEDIO AMBIENTE: ISO 14001**
  - El objetivo es el análisis y la gestión de los impactos ambientales que tu empresa puede ocasionar.
  - Deberás establecer una estrategia para tratar de minimizar estos impactos, priorizados según su gravedad potencial.

- Se toman en consideración los comportamientos ambientales de los proveedores que puedan acudir a las instalaciones de tu empresa a realizar algún trabajo.
- Se debe diseñar e implementar un plan de emergencias ambientales.

▶ **Gestión de la seguridad laboral: OHSAS 18001**
  - Su finalidad es la creación de una cultura de la prevención de riesgos. Para ello, se deben tener en cuenta los aspectos de seguridad laboral en cualquier actividad que se desarrolle.
  - Se hace una completa evaluación de los riesgos y se trabaja en su gestión por orden de gravedad, de cara a eliminarlos o minimizarlos. La evaluación incluye los riesgos que la actividad de tu empresa puede ocasionar en su entorno más cercano, y también los riesgos que otras cercanas puedan crear en la tuya.
  - Se debe considerar el régimen estándar de funcionamiento de tu empresa, pero también situaciones transitorias espontáneas o provocadas, durante las cuales el nivel de riesgo para la seguridad de los trabajadores pueda verse incrementado.
  - Se toma en consideración el comportamiento y las medidas de prevención de los proveedores que acudan a tu empresa en materia de seguridad laboral.

▶ **Gestión de la seguridad de la información: ISO 27001**
  - El objetivo es la detección y gestión de todos los puntos de tu empresa en los que se puedan producir pérdidas de

información, ya sea por avería en los sistemas informáticos, borrado de archivos o por ataques cibernéticos.

- Incluye la realización de simulaciones de ataques informáticos para comprobar la seguridad del sistema.
- Se establece una completa metodología de trabajo para identificar, analizar y gestionar los riesgos, evaluar los posibles tratamientos de riesgos, desarrollar un plan de tratamiento de riesgos, definir mediciones e indicadores de la eficiencia de los controles, etc.

Cada una de las normas contiene un conjunto mucho más extenso de requisitos y principios de funcionamiento, que van más allá del alcance previsto para este libro.

La implantación de estos sistemas requiere tener a disposición las propias normas para poder estudiarlas a fondo y, en la mayoría de los casos, contar con la ayuda de profesionales cualificados y con experiencia.

RECUERDA

Las certificaciones de sistemas de gestión desarrolladas de acuerdo con normas internacionales dotan a tu empresa de una imagen de exclusividad, ofrecen confianza a los clientes y colaboradores, y suponen herramientas de gestión potentes y versátiles.

MENTALIDAD

La mentalidad con la que afrontes la operación interna y externa de tu empresa es fundamental. De ella va a depender en gran medida que sepas detectar y aprovechar OPORTUNIDADES y RIESGOS.

Figura 6.

9 CAMBIO DE MENTALIDAD

Cuando una novedad llama a tu puerta, ¿dices enseguida cosas como «no lo quiero», «no me interesa», «no es para mi negocio», «no me sirve»...? ¿O practicas una política de «mínimas oportunidades» y al menos consideras lo que la novedad implicaría y las posibilidades que le ofrecería a tu empresa?

Las pymes son organizaciones que cuentan con una alta capacidad de implementar cambios y tomar decisiones rápidamente, al no tener una complicada burocracia que superar o una enorme inercia en la forma de hacer las cosas.

Pero muchas pymes presentan una fuerte coraza que rechaza de manera sistemática cualquier novedad que pueda implicar hacer algún cambio en sus procedimientos, excepto cuando resulta completamente obligatorio.

El constante ofrecimiento de todo tipo de productos o servicios al que se ve sometida cualquier empresa puede ser abrumador. Pero también es cierto que es imprescindible aprovechar cualquier oportunidad de mejora, analizar todas las posibilidades y estar siempre abiertos al cambio.

La solución a alguno de los problemas que estás intentando resolver en tu empresa podría estar llamando a tu puerta. ¿No vas a abrirla?

▶ **Sistema de referencia**
Planificación de negocio.

▶ **Cambio a introducir**
- Hacer más permeable el negocio a las oportunidades que se presenten: tecnológicas, de conocimiento, metodológicas, de modelo de negocio, comerciales, etc.
- Implementar un sistema de análisis de oportunidades para evaluar su potencial.
- Implementar un sistema de rastreo de oportunidades enfocado hacia la resolución de los problemas que se presentan para la consecución de las etapas de la ESTRATEGIA de negocio.

▶ **Valor que se generará**
- Mayor capacidad de avance en las etapas de la ESTRATEGIA de negocio, debido al continuo análisis de posibles soluciones para los problemas sin resolver.
- Incremento de la confianza del equipo humano a la hora de enfrentar situaciones problemáticas, al generar en él la idea de que «todo tiene solución».
- Mayor disponibilidad de recursos para la operación del núcleo de la organización al dedicar menos recursos a «prueba y error» en la resolución de problemas.

▶ **DISEÑA UNA SENCILLA HERRAMIENTA DE RECOGIDA DE INFORMA-CIÓN** acerca de la novedad que se ha de analizar.

- Debería poder anotarse la siguiente información: datos del proveedor, costo, descripción de la solución.
- Adicionalmente, conviene recoger cualquier documentación disponible al respecto, para completar el posterior análisis.

▶ **DISEÑA UN MÉTODO DE ANÁLISIS DE LAS OPORTUNIDADES QUE SE PRESENTEN.**

- Las dos variables fundamentales sobre las que basar el análisis pueden ser **COSTO** (económico, implementación)

DATOS DEL PROVEEDOR	
COSTO SOLUCIÓN	
DESCRIPCIÓN	
OBSERVACIONES	

Tabla 9.1.

de la solución y POTENCIAL (beneficio aportado, problema a tratar) que ofrece.

- Las soluciones con bajo costo y que presenten un alto potencial serán las más atractivas.
- Las soluciones caras y con bajo potencial no serán interesantes.
- Las soluciones con alto costo y alto potencial serán sometidas a un proceso de decisión estratégica.
- Las soluciones con bajo costo pero bajo potencial se elegirán, por ejemplo, para solucionar problemas pequeños pero muy molestos.
- Las soluciones con costo y potencial medios se elegirán según el caso de que se trate.

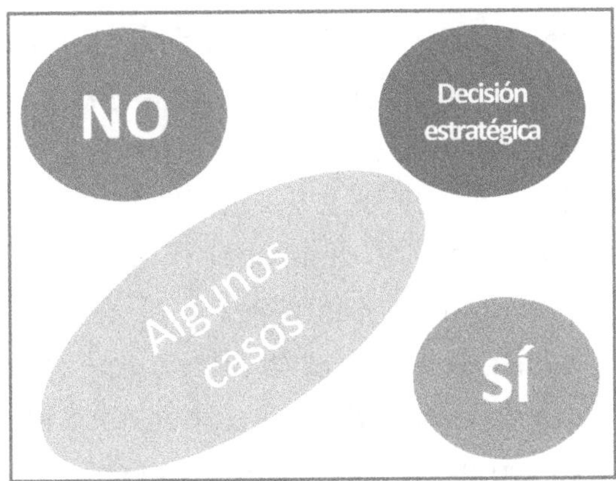

Figura 7.

▶ **Diseña un procedimiento de rastreo de oportunidades**

- Lo puedes enfocar a los temas que más te interesen en un momento determinado.
- Consistirá en la exploración de diferentes canales: búsqueda de posibles proveedores de algún producto o servicio, lectura de webs o blogs temáticos, suscripciones a publicaciones especializadas, etc.

EVALUACIÓN DE IDEAS

Trata de analizar la viabilidad de estas herramientas, presentándolas a las personas que vayan a hacer uso de ellas. Por ejemplo, a la persona que se encargue de recibir las llamadas telefónicas le puedes presentar una herramienta de recogida de información y estudiarás su posible puesta en marcha.

Es conveniente realizar pruebas prácticas durante un tiempo limitado. Puede resultar adecuado una semana, en el caso de la recogida de información. Después debes analizar los resultados obtenidos.

Prueba a analizar algunas de las oportunidades cuya información se haya recogido. Intenta ver si el análisis te resulta útil en cuanto a discriminar entre diferentes oportunidades.

Haz una búsqueda activa de soluciones para alguno de los problemas que tu empresa esté intentando solucionar en este momento. Comprueba si en un tiempo limitado eres capaz de rastrear algunas opciones útiles.

1 Recogida de información acerca de oportunidades

- Tienes que hacer que este procedimiento sea lo más sencillo posible y que el consumo de tiempo sea mínimo. De lo contrario, el costo de cada una de las soluciones se verá incrementado por el costo del propio análisis previo.

- No se trata de estar recibiendo todo el día a proveedores en la oficina. Establece unos días y unas horas para ello.

- Puedes habilitar un correo electrónico específico para este tipo de información, de modo que se sepa dónde está localizada cuando se vaya a analizar: oportunidades@tuempresa.com.

2 Análisis de oportunidades

- Establece la periodicidad con la que vas a hacer este análisis.

- No hagas simplemente el análisis de lo que tengas en ese momento «encima de la mesa»: extrae conclusiones y, de ser posible, toma decisiones sobre casos concretos. Cuanto antes se aproveche una buena oportunidad, mejor.

- Aquellas oportunidades que no sean aprovechables en este momento, las puedes insertar en la etapa correspondiente de tu ESTRATEGIA de negocio, o en tu PLANIFICACIÓN.

3 Rastreo de oportunidades

- Establece el momento de la semana que dedicarás a hacer esta tarea y los canales que utilizarás.

- No se trata de que a partir de ahora te suscribas a todo lo que encuentres o pases miles de horas leyendo. SELECCIONA lo que consideres más interesante.
- Con el tiempo irás cambiando tus fuentes de información. Encontrarás algunas mejores y otras irán cayendo en desuso.

RECUERDA

Lo importante es la relación entre el nivel de oportunidades encontrado y los recursos consumidos en el proceso.
Un buen análisis de oportunidades te proveerá de posibles soluciones válidas para los problemas de tu empresa.

10 ANÁLISIS Y GESTIÓN DE RIESGOS

¿Percibes riesgos para tu empresa? ¿Te da la sensación de que hay factores que son potencialmente peligrosos para su continuidad?

Si la respuesta es SÍ, ¿podrías explicar brevemente cuáles son los riesgos más importantes para tu negocio? Los puedes escribir en un esquema como el que muestra la tabla 10.1.

Si tu respuesta es NO, ¿estás seguro de ello?

ÁREA	RIESGO	GRAVEDAD DEL RIESGO

Tabla 10.1.

▶ **CON FRECUENCIA SE DA LA SIGUIENTE SITUACIÓN ENTRE LOS DIRECTIVOS DE LAS PYMES:**

- La percepción del riesgo es excesiva, en cuanto a la cantidad de riesgos y en cuanto a su intensidad. En este caso, cualquier novedad o nueva oportunidad puede quedar neutralizada al ser calificada como arriesgada.
- La percepción del riesgo es nula o excesivamente baja. La mayor parte de las grandes y repentinas crisis que se producen en muchas pymes se deben a importantes riesgos que no fueron detectados o gestionados a tiempo.

▶ **Sistema de referencia**
Planificación de negocio.

▶ **Cambio a introducir**
Diseñar un procedimiento de ANÁLISIS Y GESTIÓN DE RIESGOS, que permita tener una información más realista de los riesgos a los que está expuesta la empresa, de forma que se puedan tomar decisiones estratégicas más acertadas.

▶ **Valor que se generará**
- Implementación de mecanismos de prevención de situaciones potencialmente peligrosas.
- Diseño de mecanismos de defensa para situaciones en las que los riesgos se materialicen, de modo que el daño producido sea mínimo y se garantice la continuidad de la empresa.

- Mayor aprovechamiento de oportunidades, al aprender a situarse en todo momento en la zona de «riesgo controlado».

PROPUESTA DE IDEAS PARA LA INNOVACIÓN

▼

DISEÑA UNA HERRAMIENTA DE ANÁLISIS DE RIESGOS

▶ **IDENTIFICACIÓN DE LOS RIESGOS**

Se trata de poder detectar de manera exhaustiva los riesgos que pueden amenazar a tu empresa en un momento determinado. Para ello debes hacer un análisis interno y otro del entorno.

- **INTERNO**: debes analizar uno por uno los **PROCESOS** de tu organización, intentando encontrar posibles riesgos que puede presentar la operación de cada uno de ellos. No dejes nada por revisar. Incluye cualquier riesgo que veas posible. El análisis de su importancia vendrá después.

  Ejemplo: **PROCESO DE PRODUCCIÓN**: siempre hay riesgo de averías en la maquinaria. En función de qué máquina sea la afectada y del tipo de avería que suceda, las consecuencias serán muy variables.

  Ejemplo: **PROCESO DE GESTIÓN DE RECURSOS**: se puede producir un fallo en la entrega de un producto por parte de algún proveedor o puede haber un error en el control de existencias almacenadas.

Ejemplo: PROCESO DE ADMINISTRACIÓN: fallos en la gestión de pedidos de clientes o en la facturación pueden acarrear problemas que pueden llegar a ser graves.

- ENTORNO: debes estudiar bien lo que rodea a tu empresa, en diferentes planos: tecnología, competidores, normativas o restricciones del mercado, entre otros.

  Ejemplo: cambio en la legalidad. Un servicio que tu negocio presta de una manera, a partir de la modificación de algunos requisitos legales se puede convertir en inviable económicamente. O puede representar la entrada en el mercado de un número significativo de competidores.

  Ejemplo: cambio en la tecnología. Una nueva tecnología hace su entrada en el mercado. Al principio de manera experimental, pero poco a poco se va implantando, y puede conllevar que otros competidores se te adelanten en su uso y consigan posiciones ventajosas en el mercado.

  Ejemplo: restricciones en el mercado. De forma repentina no puedes acceder a algún recurso clave para tu actividad, ya que lo adquieres en un país con el que la Unión Europea ha restringido sus relaciones comerciales.

▶ CUANTIFICACIÓN DE LOS RIESGOS

Se trata de medir la gravedad de los riesgos identificados. Para ello debes estimar la PROBABILIDAD que tiene cada uno

de ellos de materializarse y generar problemas, y las CONSE-
CUENCIAS a las que daría lugar ese caso.

- La GRAVEDAD del riesgo vendrá representada por:

$$G = P \times C \times DN$$

Donde G es la gravedad del riesgo, P la probabilidad de materializarse, C las consecuencias y DN el riesgo de producir una discontinuidad en el negocio.

Podemos asignar los siguientes valores a las variables:

P	C	DN
Baja: 1	Leves: 1	Poco probable: 1
Media: 5	Moderadas: 5	Probable: 2
Alta: 10	Graves: 10	Muy probable: 5

- Los riesgos serían clasificados como:
  - MUY LEVES: G=1
  - LEVES: G=5
  - MEDIOS: G=10-25
  - GRAVES: G=50
  - CRÍTICOS: G=100-500
- Puedes representar los riesgos detectados en un gráfico de doble entrada como el de la figura 8.

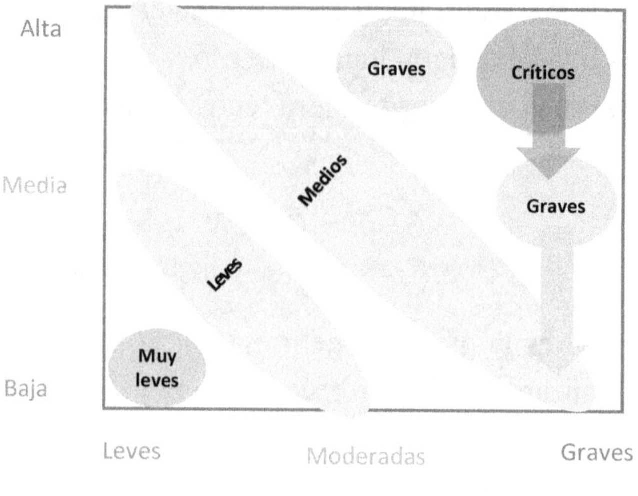

Figura 8.

▼

Diseña un procedimiento de gestión de riesgos

▶ **Una vez que tienes una idea más real de los riesgos a los que se enfrenta tu empresa, debes gestionarlos de manera adecuada. ¿Por dónde empezar?**

- Primero, debes gestionar los que sean más probables y de consecuencias más graves, dando prioridad a los que puedan ocasionar una discontinuidad en las actividades de tu empresa (valores de G entre 100 y 500).

- Los que sean poco probables y de consecuencias leves serán los últimos (valores de G de 1).

- ¿Y los intermedios? La respuesta es DEPENDE: un riesgo que sea poco probable, pero que pueda tener consecuen-

CÓMO INNOVAR EN LAS PYMES

cias tan graves que ponga en peligro la continuidad de tu empresa (G=50), quizá debería ir primero. Pero un riesgo muy probable, aunque tenga consecuencias leves (G=10), puede ser un problema muy molesto que haga que tu actividad pierda rendimiento. Debes tomar la decisión en función de cada caso.

▶ **¿CÓMO PUEDES GESTIONAR LOS RIESGOS? HAY TRES COSAS QUE PUEDES HACER, POR ESTE ORDEN:**
- **ELIMINARLOS:** seguramente muchos de los riesgos desaparecerán si haces algunos cambios en la operación de algún proceso, en algunas herramientas, en la manera de desarrollar las actividades de las personas de tu equipo, etc.

  Ejemplo: simplemente con tener copias de seguridad de la información y custodiarlas en un lugar seguro, desaparece el riesgo de pérdida de datos.
- **REDUCIR LA PROBABILIDAD DE QUE SE MATERIALICEN:** ¿puedes poner alguna «barrera» que haga que el riesgo, aunque no desaparezca, tenga menos probabilidad de transformarse en problema?

  Ejemplo: siempre puede haber riesgo de rotura de *stock* en un almacén, pero con los procedimientos adecuados, haciendo auditorías y revisiones periódicas, el riesgo se vuelve mucho menos probable.
- **REDUCIR LA GRAVEDAD DE SUS CONSECUENCIAS:** con aquellos riesgos que no puedas eliminar ni reducir su probabilidad, solo te queda equipar a tu organización con defensas que la protejan de sus consecuencias.

- **T**ENER **PREPARADO UN PLAN B** por si algo falla es siempre una buena idea. Lo importante es que los elementos principales de tu negocio se recuperen y estén operativos lo antes posible. Es decir, que puedas dar servicio a tus clientes sin demorarte mucho. Es lo que se suele llamar un **PLAN DE CONTINUIDAD DE NEGOCIO.**

  Ejemplo: para materiales críticos en un proceso productivo, puede ser conveniente trabajar con dos proveedores. Uno de ellos puede ser el mayoritario, pero si mantienes abierta la colaboración con el otro, en el momento que tu proveedor principal fallara en el suministro, podrías recurrir al otro.

  Ejemplo: se puede producir un fallo informático que deje a tu negocio sin su programa de gestión de pedidos y producción. Es conveniente que haya disponibles herramientas alternativas con las que seguir trabajando hasta que el *software* vuelva a estar operativo. Aunque esto suponga trabajar «con bolígrafo y papel».

EVALUACIÓN DE IDEAS

En la gestión de los riesgos, se trata de llegar a conclusiones útiles y soluciones aplicables. En ningún caso es aconsejable perder excesivo tiempo teorizando sobre la probabilidad mayor o menor de un riesgo o sobre las consecuencias de las consecuencias.

Tener ideas claras y procedimientos operativos es lo importante.

En este campo, es fundamental contar con la colaboración de todo el equipo humano de tu empresa. Nadie como ellos te puede decir al detalle cómo funciona cada actividad, qué problemas puede tener y cómo se podrían minimizar los daños de posibles fallos.

PUESTA EN MARCHA

1 Para analizar los riesgos que amenazan tu empresa, puedes completar un esquema como el de la tabla 10.2.

2 Para diseñar un plan de gestión de los riesgos analizados, se puede seguir el esquema de la tabla 10.3.
Compara esta relación con la que hiciste al principio. ¿Hay mucha diferencia?

Al igual que el contexto de tu empresa es variable, los riesgos también lo son. Por ello, deberás repetir el ANÁLISIS DE

RIESGO	CUANTIFICACIÓN			GRAVEDAD	
	P	C	DN	G	CALIFICACIÓN

Tabla 10.2.

Riesgo	¿Eliminable?	Reducir probabilidad	Reducir consecuencias

Tabla 10.3.

RIESGOS de forma periódica. Puede que algunos riesgos desaparezcan de una vez a otra, y también pueden aparecer riesgos que antes no existían.

En los sucesivos análisis, ten en cuenta las soluciones que has ido poniendo en marcha a la hora de calcular las probabilidades y su gravedad. Verás cómo los riesgos irán situándose en zonas de menor urgencia.

> **RECUERDA**
>
> SOLO los riesgos visibles son gestionables.
> SOLO puedes prever las consecuencias de los riesgos que has analizado.
> No todos los riesgos son CRÍTICOS.

IMAGEN

La imagen es la carta de presentación de tu empresa. Es la primera información que reciben los clientes potenciales, y en la que se basan para formarse una idea de lo que puedes ofrecerles antes de haber conocido más detalles.

Intenta que la imagen de la empresa se corresponda con su realidad.

Figura 9.

11 IMAGEN FÍSICA E IMAGEN VIRTUAL

Si pudieras mirar tu empresa desde fuera, como cualquier persona que no la conozca, ¿su imagen te transmitiría lo que realmente es? ¿Podrías identificar en ella sus cualidades más destacadas sin tener información adicional?

Haz la prueba. Observa su aspecto, distinguiendo la imagen física de su presencia virtual en internet, y anota lo que estas te sugieren.

Una buena opción es que también preguntes a una persona que no forme parte de tu equipo.

Puedes registrar los resultados en la tabla 11.1.

Hay muchos casos de empresas cuya imagen puede confundir a los clientes potenciales que entran en contacto con ellas por primera vez.

La imagen es el primer elemento de contacto que una persona tiene con una empresa. Imágenes anticuadas, aspectos descuidados o demasiado sofisticados, excesiva presencia de tecnología o ausencia de ella, catálogos incoherentes con la realidad de la empresa, etc., no contribuyen a generar la confianza necesaria en los clientes potenciales que aún no la conocen. Si la primera impresión es negativa, quizá no haya más oportunidades.

Según su imagen, ¿la empresa...	Cualidades principales que transmite la imagen de la empresa	
	Imagen física	Imagen virtual
...es moderna o tradicional?		
...es usuaria de nuevas tecnologías?		
...da prioridad de forma visible a la calidad de sus actividades?		
...da prioridad de manera visible al trato excelente al cliente?		
...se sitúa en un nivel alto o bajo de precio?		
...tiene una gama de productos amplia o es muy especializada?		

Tabla 11.1.

▶ LA IMAGEN VIRTUAL EN LAS PYMES

Para muchas pymes, la imagen virtual en internet es su verdadera tarjeta de presentación. Algunas, incluso, únicamente tienen presencia en el ámbito digital. Es por ello de suma importancia tener en cuenta los conceptos que aquí se explican.

Muchos clientes potenciales quizá ni siquiera han tenido un contacto real con tu empresa pero ya se habrán formado una idea de lo que les puede ofrecer.

Por otro lado, en internet se pasa de la idea de negocio local a la de negocio global. Por ejemplo, dentro de una misma ciudad, y siempre que las distancias resulten manejables, el cliente potencial puede decidir visitar tu empresa o visitar otra en función de lo que haya visto en su búsqueda en la red.

Si nos referimos a actividades que pueden prescindir por completo del contacto físico con el cliente, ya que pueden vender sus productos o servicios exclusivamente a través de internet, tus competidores pueden estar en cualquier lugar del mundo. Tu imagen de empresa tendrá que competir con la de muchas otras que estarán haciendo grandes esfuerzos por captar a los mismos clientes.

Por lo tanto, el momento en el que era suficiente con estar presente en internet ha sido ampliamente superado. Ahora hay que hacer un buen trabajo en este aspecto si no se quieren perder oportunidades.

▶ **Sistema de referencia**
Comunicación (visual y digital).

▶ **Cambio a introducir**
Ajustar la imagen física y virtual de la empresa a la realidad que hay detrás, de modo que el mensaje que se envíe a las personas que no la conocen sea el adecuado y genere confianza.

▶ **Valor que se generará**
- Mensaje realista hacia los clientes potenciales. En consecuencia, menor probabilidad de decepcionarlos.

- Generación de confianza en los clientes potenciales que aún no conocen la empresa.
- Mejor rendimiento de la actividad comercial y de *marketing*.
- Posibilidad de brindar una atención de alta calidad al cliente.

PROPUESTA DE IDEAS PARA LA INNOVACIÓN

1 ANALIZA

- Conviene examinar con detalle los elementos que forman parte tanto de la imagen física de tu empresa como de su imagen virtual.
- Identifica el mensaje que se comunica a los clientes potenciales que ven dicha imagen por primera vez.

2 COMPARA

Debes comparar el mensaje que transmiten la imagen física y la virtual de tu empresa con el que realmente pretendes generar.

3 HAZ UN PLAN DE ACCIÓN

Es necesario para ajustar la imagen actual a aquello que se quiere comunicar.

No alargues innecesariamente la etapa de análisis o perderás una buena oportunidad para innovar.

Puede ser un buen momento para replantearte el mensaje que quieres que tu empresa comunique a las personas que la conocen por primera vez.

▶ **RECURSOS DIGITALES PARA LAS PYMES**
Tienes la oportunidad de complementar el mensaje que transmite la propia imagen virtual con un canal real de comunicación con tus clientes:

- En muchas webs corporativas existe la posibilidad de activar un CHAT para comunicarte en tiempo real con ellos.
- Las REDES SOCIALES son medios optimizados para establecer canales de comunicación con los clientes.
- En un BLOG puedes mostrar los logros de tu empresa, la forma de trabajar, las preocupaciones por temas que interesen a los clientes o el nivel de conocimientos que reúne, por ejemplo.

Al hacer un PLAN DE ACCIÓN es conveniente que contactes con especialistas en esta materia, que te podrán asesorar de forma global y eficaz.

Compara diferentes opciones y limita el volumen de gasto que harás en este proyecto. Con una inversión limitada puedes conseguir dar un cambio radical a la imagen física y la virtual de tu empresa.

▼

Mejora de la imagen física

1 Analiza los elementos que forman parte de la imagen física de la empresa

En la tabla 11.2 marca las opciones que consideres convenientes.

Elemento	Modernidad	Tecnología actual	Calidad prioritaria	Trato excelente	Nivel de precio (Alto/Medio/Bajo)	Gama de productos
Locales						
Vehículos						
Trabajadores						
Herramientas						
Documentación (informes, catálogos, etc.)						
Materiales auxiliares (tarjetas, papelería, elementos promocionales, etc.)						

Tabla 11.2.

2 COMPARA EL MENSAJE QUE TRANSMITE LA IMAGEN FÍSICA DE TU EMPRESA CON EL MENSAJE QUE PRETENDES COMUNICAR (véase la figura 10)

En el caso que se representa en la figura 10, la imagen que los clientes podrían percibir no coincide mucho con la que la empresa pretende. Seguramente la imagen ha sido un aspecto algo descuidado.

3 HAZ UN PLAN DE ACCIÓN PARA AJUSTAR LA IMAGEN FÍSICA DE TU EMPRESA AL MENSAJE QUE PRETENDES COMUNICAR

Este plan de acción debe contener los objetivos siguientes:

- Alcanzar lo que llamaríamos un «estándar mínimo». Es decir, debe transmitir un nivel mínimo de modernidad, atención al cliente, salubridad, seguridad, fiabilidad o calidad, entre otros aspectos importantes.

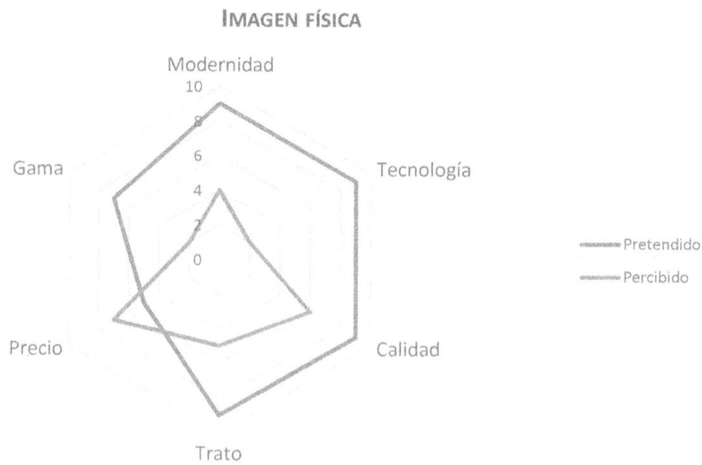

Figura 10.

- Adecuarse perfectamente a lo que tu empresa ofrece a sus clientes. Su identidad debe impregnar totalmente la imagen. Moderna-clásica, seria-desenfadada o tecnológica-tradicional, son extremos entre los que debes situarla.
- La imagen corporativa debe ser «proporcionada». No muestres un montón de tecnología en tu presentación si realmente no la utilizas en tu actividad principal. No intentes aparentar que eres una multinacional si tu empresa es pequeña (aunque tampoco peques de lo contrario; una pyme puede ser enorme en sus capacidades).

▼

MEJORA DE LA IMAGEN VIRTUAL

1 ANALIZA LOS ELEMENTOS QUE FORMAN PARTE DE LA IMAGEN VIRTUAL DE LA EMPRESA

En la tabla 11.3 marca las opciones que consideres convenientes.

ELEMENTO	MODERNIDAD	TECNOLOGÍA ACTUAL	CALIDAD PRIORITARIA	TRATO EXCELENTE	NIVEL DE PRECIO (ALTO/MEDIO/BAJO)	GAMA DE PRODUCTOS
Web						
Blog						
Redes sociales						

Tabla 11.3.

2 Compara el mensaje que transmite la imagen virtual de tu empresa con el mensaje que pretendes comunicar (véase la figura 11)

En este caso puede que se haya desarrollado una web de diseño muy moderno, aunque se quería transmitir la idea de que se trata de una empresa tradicional. Aun así, la web no comunica la idea de que se utilizan tecnologías adecuadas a los objetivos, y el aspecto hace pensar a los clientes que el nivel de precios es más alto de lo que en realidad es.

3 Haz un plan de acción para ajustar la imagen virtual de tu empresa al mensaje que pretendes comunicar

Para conseguir el nivel de confianza necesario en tus potenciales clientes la imagen virtual de tu empresa debería cumplir con unas condiciones específicas:

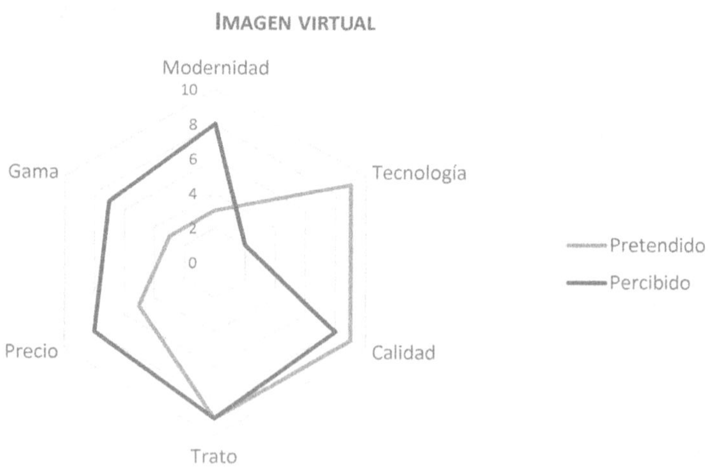

Figura 11.

- Debe mostrar toda la información con absoluta CLARIDAD.
- Los formatos SIMPLES se valoran por encima de los que son muy elaborados y complejos.
- Un tono de comunicación basado en la SINCERIDAD facilita el acercamiento y la confianza del cliente potencial.
- Lo más valorado es lo más MODERNO. Las herramientas disponibles se renuevan constantemente.
- Las informaciones obsoletas provocan rechazo. Toda información debe estar ACTUALIZADA.
- La INTERACCIÓN con los clientes potenciales se debe potenciar al máximo.

Debes tener en cuenta DOS FACTORES PROPIOS DEL ENTORNO DE INTERNET:

1 La imagen de cualquier empresa en internet, por las características del medio, es más fría y distante que la imagen física.

2 El nivel de atención que un potencial cliente puede tener ante los formatos virtuales es más limitado que ante una imagen física. Si no captas su interés de manera inmediata y se siente atraído en unos pocos segundos por lo que ve, se irá a otra parte.

RECUERDA

La imagen es lo primero que perciben los clientes potenciales antes de conocer a fondo lo que la empresa puede hacer por ellos. Una imagen adecuada puede vencer las barreras de los clientes potenciales y generar en ellos la confianza necesaria.

COMUNICACIÓN

Debes comunicar hacia el exterior mensajes que consigan superar la posible desconfianza inicial de los clientes potenciales. Captar la atención de las personas que no te conocen es una tarea compleja que requiere un esfuerzo sostenido.

Hacia el interior de tu empresa, la comunicación ha de ir destinada a lograr un equipo humano más cohesionado y eficaz.

Figura 12.

12 COMUNICACIÓN EXTERNA

¿La comunicación de tu empresa es capaz de superar la barrera que cualquier persona pone ante la publicidad?

Las personas no acostumbramos a mantener la atención centrada en una misma cosa durante mucho tiempo. El nivel de estímulos externos es demasiado alto. Por otro lado, aunque el proverbio «una imagen vale más que mil palabras» sigue siendo válido, la imagen puede perder su capacidad de ser un reclamo directo. Las imágenes nos rodean constantemente y muchas pueden pasar desapercibidas.

¿Cómo lograrás captar la atención de tus potenciales clientes que te permita ofrecerles una solución a sus necesidades?

¿Cómo conseguirás crear un vínculo con ellos, de manera que te presten una atención suficiente?

▶ **Sistema de referencia**
Comunicación.

▶ **Cambio a introducir**
Utilización de formatos alternativos de comunicación que logren captar y mantener la atención de los clientes potenciales con mayor eficacia que los tradicionales.

▶ **Valor que se generará**

- Capacidad de hacer llegar el mensaje de la empresa por encima del de la competencia.
- Mayor capacidad para fidelizar a los clientes.
- Potencial para captar las verdaderas necesidades de los clientes.

PROPUESTA DE IDEAS PARA LA INNOVACIÓN

Hay actualmente dos tendencias en el contexto de la comunicación corporativa que te propongo que utilices algunas técnicas que han demostrado ampliamente su eficacia:

▶ **NARRAR HISTORIAS** *(STORYTELLING)*

Consiste en dar al mensaje de tu empresa un formato de historia.

- Se ha demostrado que el cerebro humano está diseñado para prestar más atención a cualquier mensaje que tenga este formato: unos personajes, unos hechos, un desenlace.
- Utilizando esta técnica, puedes contar historias sobre:
  - El fundador de la empresa.
  - Lo que inspiró su creación.
  - Lo que significa la marca del producto o servicio.
  - Los valores y la visión del negocio.
  - Las soluciones que aporta.
  - Los obstáculos que ha superado en el tiempo.
  - Las necesidades de los clientes.

- Las historias narradas conectan emocionalmente con el receptor, son fáciles de recordar, dan contexto a otro tipo de información, generan confianza, etc.

▶ **Pensamiento visual** *(VISUAL THINKING)*

Consiste en expresar el mensaje de tu empresa a través de formatos gráficos (dibujos y esquemas).

- Se ha demostrado que el cerebro humano presta más atención a la información en formato gráfico que en texto.
- Puedes expresar gráficamente:
  - Las características de tus productos o servicios.
  - Tu propia visión de la calidad.
  - Cómo tu empresa aporta valor a sus clientes.
  - Los procesos de producción de tu organización.
  - La visión de negocio que tienes.
- No importa que los dibujos no sean «muy buenos». El concepto que prima es que todo el mundo puede dibujar, y no es muy importante cómo lo haga.
- Prueba a hacer algunos dibujos: descubrirás que eres capaz de hacerlos, y además seguro que tienes un estilo particular que te diferencia de los demás.

EVALUACIÓN DE IDEAS

▶ **Narra tu historia**

- Piensa en alguna faceta de tu negocio con la que podrías hacer una historia fácilmente. Alguna que comunique algo interesante para tus clientes potenciales.

- Escribe una pequeña historia. O cuéntala en un vídeo (el formato de vídeo cada vez más desplaza al texto escrito). Los vídeos «caseros» son bien aceptados, siempre que tengan una mínima calidad.
- Muestra tu historia a algunas personas de confianza y pídeles su opinión.
- Mejora la historia con los comentarios obtenidos.
- Haz una prueba utilizando tu historia en un canal que sepas que tus clientes visitan:
  - Cuelga la historia en la web de tu empresa.
  - Utilízala en redes sociales.
  - Imprime algunos carteles con ella y ponlos en tus locales.
  - Incluye la historia en la siguiente tirada de catálogos o folletos.
- Mide los resultados.
  - Incluye, junto a la historia, una llamada a la acción para los lectores o espectadores, de modo que te puedan dejar sus comentarios e impresiones al respecto.
  - Aprovecha esta información para mejorar la historia.

▶ PENSAMIENTO VISUAL

Haz algún experimento análogo al de narrar tu historia.

PUESTA EN MARCHA

En este ámbito de la comunicación, no se trata de que transformes todo lo relacionado con tu empresa en historias y dibujos. La cuestión es que reflexiones acerca de cómo podrías sacarles el máximo partido a estas técnicas. ¿En qué lugares vendría bien una buena historia? ¿Qué conceptos quedarían mejor explicados con un dibujo?

▶ **HIBRIDACIÓN**

- Puedes hacer uso de ambas técnicas a la vez, y contar una historia con dibujos. Puedes hacer una especie de *storyboard* como los que se hacen en la industria del cine.
- Puedes practicar el pensamiento visual en formato vídeo.
- También lo puedes hacer con la narración de historias.

▶ **RETROALIMENTACIÓN**

- Si a continuación de una buena historia en la que hayas conectado con tus clientes les solicitas que te hagan comentarios, seguramente obtendrás una valiosa colección de informaciones relacionadas con sus necesidades más profundas, sus dificultades y sus sensaciones.

RECUERDA

Las personas a las que quieres hacer llegar tu mensaje están rodeadas continuamente de una gran cantidad de informaciones que no tienen tiempo ni ganas de analizar.

A través de historias contadas o de informaciones en formato gráfico y esquemas, podrás captar su atención de una manera más eficaz.

13 COMUNICACIÓN INTERNA

En una pyme uno de sus puntos fuertes debería ser la comunicación entre los miembros del equipo humano. No se deben salvar grandes distancias geográficas ni complicadas estructuras funcionales. El equipo en sí debería ser como una pequeña familia, en la que el intenso contacto del día a día generara una estrecha confianza y una capacidad de colaboración a prueba de dificultades.

¿Es el caso de tu empresa?

En más de una ocasión he observado una situación paradójica. En grandes organizaciones en las que la comunicación es compleja y difícil de llevar a cabo, ponen en marcha herramientas que la hacen más fácil y viable, mientras que en empresas mucho más pequeñas parece que la comunicación es escasa o inexistente.

Una comunicación interna fluida es fundamental para cualquier tipo de organización, pero aún más si el equipo es de reducido tamaño, ya que en este caso el talento y la experiencia de cada miembro son mucho más valiosos y se aprovechan al máximo si se intercambia información de forma ágil y eficaz.

Analiza el estado de la comunicación interna en tu empresa: los canales por los que se realiza, la periodicidad y la eficacia, entre otros aspectos.

▶ **Sistema de referencia**

Comunicación. Operaciones.

▶ **Cambio a introducir**

Poner en marcha herramientas de comunicación entre los miembros del equipo humano.

▶ **Valor que se generará**

- Visión y estrategia: cuando todas las personas que componen un equipo se impregnan con la visión del negocio, incluso participan en su diseño y expresión, cambian por completo su forma de trabajar, ya que comprenden la importancia de las actividades que desarrollan en el resultado global y siempre tienen presente una referencia a la que acudir en caso de duda.
- Control de actividades y productividad: una comunicación fluida consigue que las actividades diarias se desarrollen dentro de un margen de control que se considere correcto. Como consecuencia, promueve un aumento significativo de la productividad del equipo.
- Resolución de problemas: la comunicación eficaz facilita la resolución más rápida de conflictos y errores y, lo que es más importante, el aprendizaje de lecciones importantes que harán que no se vuelvan a repetir esas situaciones.
- Gestión de recursos: los recursos de una empresa se gestionan de una manera más provechosa si existen los canales de comunicación adecuados para compartir información objetiva y en tiempo real.

- **Motivación y compromiso de las personas:** como consecuencia de un ambiente en el que la comunicación se considera prioritaria y se practica de manera continua, las personas que componen el equipo humano de un negocio se sienten más motivadas a la hora de desempeñar su trabajo y sienten un compromiso más fuerte con una organización que les escucha y comparte con ellos información a diario.

PROPUESTA DE IDEAS PARA LA INNOVACIÓN

Te propongo que implantes en tu empresa las siguientes herramientas:

▶ **Reunión diaria**
  - En ella se debe comentar brevemente el resumen y las conclusiones del día anterior y la planificación del día que comienza. No tiene por qué durar más de diez minutos, y deben poder participar libremente todas las personas del equipo. En organizaciones de mayor tamaño, estas reuniones se pueden celebrar entre el personal de cada área.
  - Sin tener que llegar a generar un acta de cada reunión, sí sería interesante que tomaras nota de algunos aspectos comentados en ellas para hacer después un seguimiento o incorporar información adicional a algún procedimiento de trabajo, ficha de gestión de cliente, etc.

► **«VISITAS DEL JEFE»**

- No hay mejor manera de conocer de primera mano y en tiempo real la situación existente en tu negocio que hablar directamente con las personas implicadas. Te animo a poner en marcha esta práctica. Si bien hay personas que las primeras veces puedan pensar que se trata de una herramienta de «control policial», en poco tiempo participarán activamente en la iniciativa y compartirán toda la información de su día a día.

- Resulta muy valiosa la información que se puede obtener de esta manera respecto a métodos de trabajo, necesidades de recursos o dificultades sobre las que innovar, por ejemplo.

► **TABLÓN DE INFORMACIÓN**

En él puedes colocar mensajes potentes y positivos en referencia a la visión y la estrategia del negocio, resultados de diferentes actividades, nuevos proyectos, éxitos comerciales u otros.

EVALUACIÓN DE IDEAS

► **CONVENCE CON LA IDEA A TU EQUIPO**

- Convoca una reunión en la que les comuniques la importancia de mejorar la comunicación interna, de manera que la empresa pueda alcanzar un nivel mayor de desarrollo y pueda aprovechar oportunidades de mejorar e innovar.

- Los miembros de tu equipo seguramente harán apreciaciones útiles para la posterior organización de los canales de comunicación.

▶ **H**az **pequeñas pruebas de los diferentes canales que vayas a establecer**

Ejemplo: Es posible que la reunión diaria funcione mejor en un lugar determinado o a una hora determinada de la jornada. Suele ser costumbre hacerla justo al empezar a trabajar, pero según las circunstancias puede que sea más útil o viable hacerla en otro momento.

Prueba hasta encontrar el formato más adecuado.

PUESTA EN MARCHA

No intentes captar y registrar absolutamente todo lo que sucede en tu organización, ni conviertas la comunicación interna en algo pesado y tedioso. No debe ser percibida como una carga sino como una gran ventaja.

Los canales de comunicación que se consideren útiles deben transformarse en rutinas diarias. No dejes que el día a día desplace estas prácticas y las vaya enviando al olvido. Para ello, sobre todo al principio, dales mucha importancia «oficial». Pasado un tiempo, funcionarán de manera automática.

> **RECUERDA**
>
> La comunicación interna es fundamental para que tu empresa mejore su rendimiento.

OPERACIÓN

En la operación diaria de tu empresa generas un **VALOR** que suministras a tus clientes, y recibes otro **VALOR** a cambio.

Debes pararte a analizar aquellas situaciones conflictivas en las que una mala gestión puede debilitar mucho la imagen de tu empresa ante sus clientes.

La operación de un negocio debe estar siempre bajo control y generar la confianza necesaria.

La **INFORMACIÓN** es un recurso crítico para el desarrollo de las operaciones de tu organización.

Figura 13.

14 REACCIÓN DE VALOR EN LA CADENA DE SUMINISTRO

¿Cuántas situaciones incómodas y problemáticas ocurren en tu empresa «por culpa de» tus proveedores o incluso de tus clientes? Los primeros, a veces, parece que no son dignos de confianza, fallan en el momento más inoportuno. Los segundos siempre parecen caprichosos e impredecibles.

Si piensas en la manera de evitar todos estos problemas, es posible que te parezca una «misión imposible».

¿Has visualizado alguna vez tu empresa, junto con sus proveedores y clientes, como una larga cadena de generación y suministro de VALOR?

En eso consiste precisamente el concepto de CADENA DE SUMINISTRO *(SUPPLY CHAIN):* está formada por el conjunto de procesos que se ponen en funcionamiento y se coordinan para que a tu cliente le llegue el producto o servicio que ha adquirido, y que soluciona su necesidad o problema.

Si todas estas actividades se consideran como piezas independientes, es difícil imaginar cómo se podrían introducir mejoras en el conjunto. El número de posibilidades es enorme, y la interacción entre distintos procesos crea un alto nivel de incertidumbre.

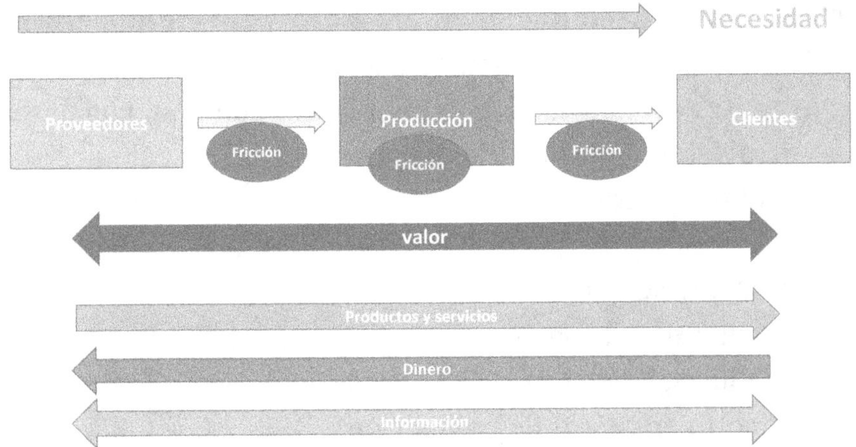

Figura 14.

En cambio, si la **CADENA DE SUMINISTRO** se considera como un gran proceso global, no es difícil imaginar que existirá la posibilidad de optimizarlo en algunos puntos clave para extraer de ella el máximo beneficio.

Si diseñaste el **MAPA DE PROCESOS** de tu empresa, ya tuviste que hacer el esfuerzo de imaginar un grupo de actividades diferentes como parte de un conjunto que funciona de manera coordinada. Por tanto, no te será difícil imaginar este mapa ampliado en sus extremos, de manera que incluya también a tus proveedores y a tus clientes con sus correspondientes procesos.

▶ **Sistema de referencia**

Operaciones.

▶ **Cambio a introducir**

Considerar los procesos que se deben operar desde los proveedores del negocio hasta los clientes como un conjunto coordinado, y gestionarlos de manera que se optimice su resultado global.

▶ **Valor que se generará**

- Reducción de plazos de entrega al cliente.
- Reducción de errores de calidad.
- Ahorro en costos de producción.
- Ahorro en costos logísticos.

PROPUESTA DE IDEAS PARA LA INNOVACIÓN

▶ ANALIZA LOS «PUNTOS DE FRICCIÓN» DE LA CADENA DE SUMINISTRO

- Entre tus proveedores y tu empresa.
- En el interior de tu empresa (cadena de suministro interna).
- Entre tu empresa y tus clientes.

Haz una relación de los conflictos y problemas que surgen más a menudo y de mayor gravedad. Intenta reunir la mayor cantidad de información al respecto. Para ello, puedes utilizar un soporte como la tabla 14.1.

Como puedes ver, las causas principales de los problemas en la cadena de suministro suelen ser los flujos deficientes de información o productos (aunque también podrían apa-

Punto	Problema	Causa (flujo productos / flujo información / otros)	Consecuencia (tiempo / inventario / servicio al cliente)
Proveedores-negocio			
Interior negocio			
Negocio-clientes			

Tabla 14.1.

recer otras causas, como deficiencias en el flujo financiero, por ejemplo).

Las principales **CONSECUENCIAS** de estas deficiencias se manifiestan en los inventarios (bien de materias primas, bien de productos terminados), en los tiempos de producción y entrega y en el servicio al cliente. Cualquiera de estas consecuencias es una **PÉRDIDA DE VALOR** en la cadena de suministro. Se trata de evitar que se produzcan o minimizarlas tanto como sea posible.

▶ **PIENSA LAS MEJORAS**

Es conveniente plantearse Qué mejoras se podrían introducir en esos puntos de fricción para conseguir un mejor funcionamiento:

- Flujos de información que hay que mejorar.
- Puntos de control a implementar.
- Restricciones que se han de mantener.
- Responsabilidades de los miembros del equipo.

▶ **Diseña la cadena de suministro para tu empresa (estrategia)**

- Trabaja junto con proveedores y clientes para introducir cambios en el sistema (innovación colaborativa).
- El objetivo es crear valor en cada una de las etapas de la cadena de suministro. Cualquier mejora que no aporte valor, no debería ser considerada.
- La resolución de las necesidades de los clientes debe ser el motor básico que mueva toda la cadena. Cualquier mejora debería tener presente este criterio.
- Decide si la cadena de suministro de tu negocio aportará más valor funcionando de una de estas maneras:
  - **Empuje** *(push):* los procesos de aprovisionamiento y producción se ejecutan antes de conocer la demanda real de los clientes. Se trata de procesos especulativos que se basan en pronósticos de demanda.
  - **Tirón** *(pull):* los procesos de aprovisionamiento y producción se ejecutan una vez que se conoce la demanda real de los clientes (pedidos confirmados). Se trata de procesos reactivos: respuesta a los estímulos de la demanda real.

    En este caso siempre hay un tiempo de ejecución muy limitado desde la recepción de un pedido hasta su entrega al cliente *(lead time).*
- Las decisiones tomadas tendrán que contemplar un cierto nivel de incertidumbre, ya que la estructura de la cadena de suministro se considerará fija en etapas posteriores (hasta que haya un nuevo proceso de mejora).

Cuanta más información logres reunir, mejor. La acumulación de datos deja a la vista las tendencias más importantes.

Convence con tu idea a proveedores y clientes, de manera que se puedan sumar a este proyecto de mejora. Al fin y al cabo, se va a generar valor para ellos en tu cadena de suministro, que también es parte de la suya.

Puedes comenzar por hacer un experimento parcial de una parte de la cadena de suministro que puedas operar fácilmente.

PUESTA EN MARCHA

1 PLANIFICACIÓN DE LA CADENA DE SUMINISTRO
   ▶ Sobre la base del diseño estratégico realizado (visión a largo plazo), debes planificar los recursos y las operaciones en un plazo medio: tres meses, por ejemplo.
   ▶ La estructura de la cadena de suministro permanecerá fija.
   ▶ La planificación debe mantener unas restricciones: de tiempo, información o inventario.
   ▶ Se deben tener en cuenta pedidos ya previstos, contrataciones de recursos específicos, promociones especiales, evolución de inventarios estimada en ese plazo medio, etc.

2 OPERACIONES DE LA CADENA DE SUMINISTRO
   ▶ De acuerdo con el diseño estratégico y la planificación a medio plazo, debes tomar las decisiones necesarias para

atender los pedidos de los clientes en el día a día o en una secuencia semanal.

▶ Hay tres procesos que debes seguir con el máximo detalle:

- **Compras**
  - Establece mecanismos de seguimiento para tus proveedores.
  - Registra la información relacionada con su rendimiento y eficacia, errores, retrasos, etc.
  - Debes tener parámetros que te permitan hacer una evaluación de proveedores. Los que no superen un nivel mínimo, deberían ser sustituidos por otros.
  - Debes mantener activo un mecanismo de prospección de proveedores, para poder comparar diferentes ofertas.

- **Producción**
  - Establece una planificación diaria de producción en función de los pedidos existentes en cada momento.
  - Debes tener mecanismos de recogida de información que te permitan conocer el estado de los pedidos en cada momento, incidencias ocurridas, respuestas dadas, etc.
  - Todo el equipo debe tener claras las prioridades.
  - Debes evitar al máximo los tiempos muertos asignando actividades complementarias.

- **Entrega de productos o servicios**
  - Debes tener información precisa del momento en que un material o servicio están listos para ser entregados.
  - Establece un mecanismo de revisión final de cualquier producto o servicio antes de ser entregado al cliente.
  - A veces, la actividad de producción deberá adaptarse a los medios de entrega y distribución previstos o contratados, por lo que el contacto entre ambos procesos debe ser continuo y basarse en información real.
  - Puedes establecer un sistema de comunicación con tus clientes, de modo que estén informados en tiempo real del momento en que su producto está listo para ser entregado, así como de las fases de transporte hasta su entrega efectiva.

RECUERDA

La NECESIDAD de los clientes es el motor que tira de toda la cadena de suministro.
El objetivo es generar VALOR en cada eslabón de la cadena.

15 PLAN DE CALIDAD

Quizá haya ocasiones en las que te parezca que los clientes son un tanto suspicaces, que no confían plenamente en la capacidad de tu empresa de responder a sus necesidades.

Sobre todo, cuando ocurre algún evento indeseado y se transforma en un problema de calidad que afecta a un cliente, este puede mostrarse totalmente desconfiado, nervioso e irritado.

La causa que puedes encontrar en la base de estas situaciones es la insuficiencia de información que como proveedor ofreces a tus clientes. Evidentemente, tratas de generar en ellos la máxima confianza, les aseguras que vas a cumplir con los plazos y condiciones establecidas, etc. Cuando ocurren problemas, les aseguras que el esfuerzo va a ser máximo para su resolución, y les ofreces algunas informaciones básicas sobre cómo actuará tu empresa.

Pero, como cliente ¿tendrías una confianza total hacia un negocio que te ofreciera esa información?

Cuando a un cliente no solo le asegures que vas a cumplir, sino que le digas cómo vas a hacerlo exactamente, con la información completa y bien organizada, verás crecer en él una confianza mucho más consistente hacia tu negocio, especialmente en los momentos en los que la situación sea más compleja porque hayan aparecido algunos problemas.

▶ Sistema de referencia

Operaciones.

▶ Cambio a introducir

Ofrecer a los clientes del negocio una información más completa y organizada sobre la planificación de las operaciones y recursos que permitirán el cumplimiento de las condiciones de servicio pactadas con ellos, o la resolución de situaciones específicas.

▶ Valor que se generará

- Mayor confianza de los clientes en la empresa y, por tanto, mayor fidelización.
- Mejor gestión de situaciones problemáticas (errores de producción, entre otros).
- Menor repercusión negativa de ese tipo de situaciones.

PROPUESTA DE IDEAS PARA LA INNOVACIÓN

▶ DISEÑA UN PLAN DE CALIDAD

Se trata de un documento en el que se detalla toda la información necesaria para una óptima comprensión de los procesos productivos de tu empresa respecto a un cliente, un producto o un caso concreto.

Expón de manera atractiva esta idea a tus clientes. Su implicación en el desarrollo del **PLAN DE CALIDAD** puede ser fundamental. Ellos te pueden indicar los parámetros que más les interesa conocer para aumentar su confianza en tu empresa.

Alcanza el grado de detalle suficiente en la información que vuelques en el **PLAN DE CALIDAD** como para generar confianza. No sobrepases un nivel a partir del cual el efecto puede ser el contrario al buscado.

PUESTA EN MARCHA

Los elementos fundamentales de un **PLAN DE CALIDAD** son:
- **Situación de partida**

  Descripción del contexto en el que se redacta el plan de calidad: suministro normal de producto o servicio a un cliente, situación anómala a la que se pretende hacer frente, etc.
- **Objetivos de calidad que se plantean**
  - Parámetros que se deberán alcanzar con las operaciones y recursos previstos en el plan.
  - Pueden hacer referencia a diferentes aspectos: plazos, requisitos del producto o servicio, condiciones de entrega, etc.
- **Requisitos**
  - Requerimientos del producto o servicio, propios del cliente o de la situación concreta en la que se genera el plan.
  - Puede tratarse de cantidades, características o funcionalidades, entre otros aspectos.

- **Procesos que se establecen**
  - Descripción de las etapas de producción del producto o configuración del servicio.
  - Tendrá un nivel de detalle variable respecto a las actividades concretas que conforman cada etapa, etc.
- **Documentos que se establecen**
  Planos, pliegos de condiciones, etc.
- **Recursos que se ponen a disposición para la ejecución del plan**
  Equipo humano, maquinaria, *software*, etc., necesarios para que el plan logre los objetivos de calidad establecidos.
- **Actividades que se proponen para la medición, seguimiento, inspección, verificación y validación del producto o servicio**
  Descripción de los controles de calidad que se efectuarán en cada etapa del proceso de producción.
- **Criterios de aceptación del producto o servicio**
  Condiciones que debe cumplir el producto o servicio para poder ser entregado al cliente.
- **Registros necesarios**
  Tomas de datos que se consideran necesarias para la comprobación de determinadas actividades o criterios.

> **RECUERDA**
>
> En un plan de calidad puedes comunicar a tus clientes la información necesaria y específica para que conozcan en detalle los medios y métodos que vas a poner en funcionamiento en tu negocio para satisfacer sus necesidades.

HORIZONTE

Debes analizar el horizonte de tu negocio para detectar oportunidades que te permitan avanzar en la dirección que has establecido en tu ESTRATEGIA.

El horizonte puede ser lejano, fuera de las fronteras de tu país, donde buscarás el éxito en el comercio internacional. Pero también se puede encontrar en un entorno más cercano. Examina bien, en la distancia corta, las posibilidades de generar y captar VALOR.

Puedes ampliar tu horizonte innovando en productos y servicios. Para ello tendrás que poner en práctica todas las técnicas y herramientas de la INNOVACIÓN.

Para emprender una acción en la que explorar el horizonte de tu empresa, propón ideas para aprovechar las oportunidades. Es preciso que conozcas cómo trabajar siguiendo los principios de la gestión de proyectos.

Figura 15.

16 GESTIÓN DE PROYECTOS

Puede haberte ocurrido que un proyecto de mejora que se consideraba muy positivo, después de haber invertido en él esfuerzo y dinero, haya quedado sin conclusión.

O puede que otro proyecto llegara a su fin, pero después de un plazo de tiempo mayor de lo estimado previamente y, lo que es peor, después de un consumo desmedido de recursos.

¿Por qué pueden darse situaciones como estas?

Un proyecto, excepto aquéllos que son extremadamente simples, suele ser un conjunto complejo de actividades que deben ser desarrolladas por diferentes personas o grupos de personas, algunas de ellas de manera simultánea, a lo largo de un periodo de tiempo, para alcanzar una meta determinada. A primera vista, su gestión parece difícil.

Además, en muchas organizaciones los proyectos suelen enmarcarse en procesos de innovación o mejora cuya propia definición no es clara, sus fases de ejecución no son bien conocidas y su fin, en última instancia, está sujeto a un alto grado de incertidumbre en cuanto a su éxito.

Por ello, en muchas ocasiones los proyectos se alargan significativamente en el tiempo y consumen enormes cantidades de dinero. Durante su ejecución se debe hacer frente a numerosos episodios inesperados, interdependencias no previstas, plazos más largos de lo proyectado, etc.

▶ **Sistema de referencia**
Desarrollo de negocio.

▶ **Cambio a introducir**
Aplicar al desarrollo de proyectos los principios básicos de la gestión de proyectos.

▶ **Valor que se generará**
- Garantía de éxito en los proyectos que se ejecuten.
- Control del consumo de recursos por parte del proyecto en desarrollo.
- Control del plazo de ejecución del proyecto.
- Mayor capacidad para la toma de decisiones durante la ejecución del proyecto.
- Mayor generación de conocimientos tras la resolución de problemas.

PROPUESTA DE IDEAS PARA LA INNOVACIÓN

Aplica los principios de la GESTIÓN DE PROYECTOS:

▶ La fórmula básica para la óptima gestión de un proyecto es: PERSONAS + PROCESOS = ÉXITO.

¿Qué significa esto? Que hay que trabajar en los dos niveles de manera simultánea: liderando el equipo de personas implicadas en el proyecto y planificando, supervisando y controlando los procesos de forma rigurosa.

▶ Según el Project Management Institute (PMI), los cinco grupos de procesos que incluye un proyecto son:

1 Inicio

- Se deben establecer las **EXPECTATIVAS** del proyecto: ¿qué se quiere conseguir? ¿De qué manera?
- Las expectativas son compartidas por todas las partes interesadas.
- Deben ser **MEDIBLES**.
- Si las expectativas no son claras, el proyecto tiende a descontrolarse.
- Se debe prever que un proyecto puede terminarse en el plazo previsto y sin desviación en cuanto a recursos consumidos, pero si no cumple las expectativas de las partes interesadas, no será exitoso.

2 Planificación

- Debes generar una **HOJA DE RUTA** que incluya las etapas que se deben seguir en el proyecto para alcanzar la meta propuesta.
- Pero **ANTES**: debes tener disponible una **ESTRATEGIA DE GESTIÓN DE RIESGOS**.
- Si has previsto los riesgos que pueden existir en el proyecto y los has analizado para fijar su prioridad, a la hora de ges-

tionarlos (véase el capítulo 10) podrás planificar el proyecto de manera más segura.

- Podría ser necesario generar un PLAN de gestión de riesgos: dependerá de quiénes sean las PARTES INTERESADAS.
  - En él se incluirán todos los riesgos detectados, su evaluación y la gestión prevista para ellos.
  - Las acciones previstas para gestionar los riesgos detectados formarán parte de la planificación del proyecto.

3 EJECUCIÓN

Se ejecutan todas las tareas que componen el proyecto, siguiendo para ello el plan previsto.

4 MONITORIZACIÓN Y CONTROL

- Se trata de hacer el seguimiento de los RIESGOS que fueron identificados con el fin de determinar si las medidas que se planificaron para hacerles frente están siendo eficaces o, por el contrario, es necesario proponer otras.
- Puede que durante la ejecución del proyecto tengas que elegir estrategias alternativas, tomar acciones correctivas o incluso volver a planificar el proyecto.

5 CIERRE

El objetivo del cierre del proyecto es medir su éxito y aprender lecciones importantes para la planificación exitosa de futuros proyectos.

▶ Solamente la gestión óptima de estos grupos de procesos conduce un proyecto al éxito.

▶ Cualquier proyecto, por pequeño que sea, debe ser gestionado a través de estos cinco grupos de tareas.

EVALUACIÓN DE IDEAS

La gestión de un proyecto siguiendo estos principios puede parecer inicialmente como algo complejo y difícil de realizar.

Aun así, intenta aplicarlos a cualquier proyecto que emprendas. Intenta simplificar todo lo posible, de manera que no generes una metodología de trabajo que sea mayor y más complicada que el propio proyecto.

Si sigues correctamente las etapas y no te saltas ninguna, estarás ganando muchas probabilidades de tener éxito en tu proyecto.

PUESTA EN MARCHA

1 INICIO

- La primera tarea que tendrás que hacer es aclarar las expectativas del proyecto.

  Aunque la idea que generó el proyecto puede parecer clara para todo el mundo, las interpretaciones y matices pueden ser muy diferentes.
- Debes identificar a todas las partes interesadas en el proyecto: no sólo a las que forman parte de él activamente, sino aquéllas en las que influirá (positiva o negativamente).

- Debes decidir qué implicará el éxito del proyecto y qué será considerado como fracaso (resultados deseados, resultados no deseados, limitaciones, etc.).

  Una de las partes interesadas debe fijar este criterio (puedes ser tú, un cliente, un inversor o varios a la vez).
- OBJETIVO: generar una DECLARACIÓN DE ALCANCE DEL PROYECTO.
  - En ella quedan claros todos los criterios fijados respecto al éxito o fracaso del proyecto.
  - Todas las partes interesadas deben estar de acuerdo con esta declaración, que será utilizada posteriormente para tomar decisiones durante el desarrollo del proyecto.
  - La definición del proyecto podrá ser modificada, si la evolución del mismo así lo requiere.

2 PLANIFICACIÓN

Plan de proyecto

Contiene todas las tareas que se han de realizar e hitos *(milestones)* a alcanzar para el éxito del proyecto.

- Los hitos son puntos clave del proyecto donde se deben tomar decisiones importantes o en los que se da por terminada una fase, por ejemplo.
- Mediante el plan de proyecto se puede saber si el progreso del proyecto es bueno o no.
- Debe ser revisado continuamente durante la fase de ejecución.
- La elaboración del plan de proyecto se desarrolla mediante el siguiente proceso:

1 Descomposición del conjunto del proyecto en unidades (entregables) que contienen tareas individuales.
2 Secuenciación de actividades.
   - Qué actividades deben ir antes y cuáles después.
   - Se debe analizar la dependencia de unas actividades con otras. Hay actividades que no pueden empezar sin antes acabar otras, o que deben ser realizadas al mismo tiempo, por ejemplo.
3 Identificación del equipo de proyecto.
   - Con el objetivo del proyecto definido, y el conjunto de todas las tareas y plazos a la vista, debes decidir qué personas trabajarán en el proyecto.
4 Estimación de la duración de cada tarea.
   - La duración de una tarea se compone del tiempo de trabajo que conlleva, más el tiempo que las personas que la realizan necesitan para hacer otras cosas que tengan a su cargo.
   - Una tarea que requiere cuatro horas de trabajo podría suponer dos días si la dedicación posible no puede ser de más de dos horas por día.
5 Identificación del CAMINO CRÍTICO.
   - Es el camino más largo desde el principio hasta el final del proyecto, teniendo en cuenta aquellas tareas que no tienen flexibilidad para empezar ni acabar antes.
   - Si alguna de las tareas dentro del camino crítico se retrasa, todo el proyecto se retrasará.
   - El camino crítico presenta la secuencia de actividades que determina la duración del proyecto.

6 Creación de un presupuesto para el proyecto.

- El costo total del proyecto será el externo (con el conjunto de compras y contrataciones necesarias) más el interno (el costo del tiempo que tu equipo dedicará al proyecto).

Plan de comunicación

Debes definir claramente cómo será la comunicación durante el proyecto con las diferentes PARTES INTERESADAS: con el equipo que trabaja en él, con los clientes y proveedores, etc.

Restricciones

Para que el proyecto se mantenga bajo control, es necesario imponer algunas restricciones en su planificación. Las áreas posibles en las que situarlas son:

- Alcance.
- Tiempo.
- Riesgo.
- Calidad.
- Recursos.
- Presupuesto.

3 EJECUCIÓN

Para que esta fase transcurra según lo previsto, es necesario que el equipo demuestre ser FIABLE, con cada una de las personas consciente de su tarea y su responsabilidad en el proyecto.

- Es muy importante programar reuniones periódicas en las que se dé cuenta de los avances hechos, por ejemplo, en la última semana.

- Una comunicación fluida y un ambiente de confianza son convenientes para mantener la fiabilidad del equipo.

- Siempre supone un riesgo para un proyecto que el tiempo que le estaba destinado se acabe dedicando a las actividades habituales de la empresa. Por ello, debes poner las barreras necesarias para que el funcionamiento diario no acabe absorbiendo el proyecto.

4 Monitorización y control

- Debes asegurarte de que el proyecto se desarrolla según lo previsto en cuanto a tiempo, presupuesto y calidad.

- Cualquier problema o desviación debe ser detectado cuanto antes para que el margen de maniobra para solucionarlo sea suficientemente amplio.

- Debes informar del estado del proyecto a todas las partes interesadas.

- Alcance del proyecto
  - Es muy fácil que lo que empezó siendo un pequeño proyecto de mejora se transforme en un monstruo interminable. Hay muchas ocasiones en las que se puede preguntar ¿y si además...?
  - En el caso de que un cambio de alcance parezca interesante, o resulte recomendable porque haya elementos del contexto que hayan cambiado, debes analizarlo en profundidad tomando como referencia las restricciones que se planificaron.

- El alcance original del proyecto puede resultar inadecuado cuando su propio desarrollo revela información que no se tenía en el momento de la planificación: el factor clave a respetar siempre es el resultado que el proyecto debe producir.

5 CIERRE

- Puedes utilizar una lista de chequeo para revisar los principales aspectos del proyecto y poder darlo por cerrado.
- Se deben documentar las lecciones aprendidas: decisiones que se tomaron durante la ejecución, elecciones que se hicieron, resolución de problemas, aspectos que surgieron de manera inesperada, etc.
- Debes cerrar el proyecto formalmente con todas las partes interesadas.
- Deberías hacer público el cierre exitoso del proyecto. Los miembros del equipo se sentirán muy satisfechos.
- Por último, es muy recomendable celebrar la conclusión del proyecto: agradece personalmente a tu equipo su implicación, considera algún tipo de compensación por el esfuerzo realizado y destaca todas las lecciones aprendidas.

RECUERDA

Cualquier tarea que por su complejidad y alcance deba ser dividida en tareas individuales que deban alcanzar un resultado en un plazo determinado, tiene que gestionarse como un proyecto.

17 INNOVACIÓN EN PRODUCTOS Y SERVICIOS

¿Imaginas poder ajustar las características de los productos y servicios a las necesidades reales de los clientes? ¿Situar a tu empresa como un referente de su sector? ¿Incluso abrir nuevos mercados o modificar los existentes?

La innovación en productos y servicios es una potente herramienta para crecer y evolucionar.

Es el gran clásico de la innovación, al que miles de pymes han dedicado tiempo y esfuerzo y sobre el que trata mayoritariamente la literatura sobre este tema.

La innovación en productos o servicios situará a tu empresa en la vanguardia de su sector y le hará brillar a los ojos de sus clientes.

▶ **Sistema de referencia**
Desarrollo de negocio.

▶ **Cambio a introducir**
Modificar los productos y servicios existentes o crear productos y servicios nuevos.

▶ **Valor que se generará**

- Mayor capacidad de adaptación a las necesidades de tus clientes.
- Mayor capacidad de explotación de tu mercado.
- Oportunidad de aprovechar nuevas tecnologías o nuevos métodos de producción.

PROPUESTA DE IDEAS PARA LA INNOVACIÓN

1 SIGUE EL ESQUEMA DE TRABAJO PLANTEADO EN EL CAPÍTULO 3

- Este esquema es aplicable a cualquier tipo de innovación, pero es en la de productos y servicios donde su aplicabilidad es absoluta.

2 ESTUDIA A FONDO LA «NECESIDAD SENTIDA» POR TUS CLIENTES

- Una persona no necesita una máquina taladradora. Lo que necesita es hacer un agujero en una pared de su casa para colgar un cuadro. Pero ¿qué habilidad tiene?, ¿con qué frecuencia va a tener esa necesidad?
- La «necesidad sentida» por el cliente es la referencia para la innovación en los productos y servicios de tu empresa.

3 HAZ MAPAS DE TAREAS DE LAS ACTIVIDADES DE TUS CLIENTES, EN LAS QUE TUS PRODUCTOS Y SERVICIOS PUEDAN SER ÚTILES

- Cualquier tarea que se pretenda desempeñar se puede descomponer en etapas simples. En el ejemplo del agujero en la pared: buscar el lugar exacto donde debe ir el agujero, marcar ese punto, preparar la taladradora, escoger la broca adecuada, taladrar la pared, etc.

* Cualquier cambio que hagas que consiga facilitar la ejecución de esas etapas, implicará valor para el cliente.

EVALUACIÓN DE IDEAS

Las etapas del esquema de trabajo recomendado en el capítulo 3 requieren de una serie de habilidades que se deben practicar y mejorar con el tiempo. Puede ser interesante que practiques haciendo experimentos relacionados con cualquiera de los pasos del proceso.

Ejemplo: contacta con algunos de tus clientes e intenta averiguar cómo hacen las cosas o los problemas que están intentando resolver.

Ejemplo: durante un tiempo, profundiza en un sector de actividad del que no tengas mucho conocimiento, y que se encuentre lejos del tuyo. Anota todo aquello que te parezca significativo en cuanto al modo de trabajar en ese sector. Intenta buscar aplicación en tu propia empresa a lo que has anotado.

El factor clave para cualquier innovación en productos o servicios es el CLIENTE. Y la mejor manera de conocerle más a fondo es CONVIVIR CON ÉL: ver cómo hace las cosas, escuchar qué le preocupa, ser testigo de sus dificultades o conocer sus miedos y sus sueños. EL CONTACTO con el cliente es fundamental para cualquier pyme que quiera innovar en sus productos o servicios.

▶ En función de la oportunidad de mercado que quieras aprovechar, del enfoque que le quieras dar al proceso o de la manera de acceder al conocimiento o los medios para practicarla, la innovación en productos o servicios puede tener diferentes variantes:

- **INNOVACIÓN INCREMENTAL:** se trata de introducir pequeñas mejoras en el rendimiento de los productos o servicios, de manera que cumplan su función con la mayor eficiencia.

- **INNOVACIÓN DISRUPTIVA:** se modifican sustancialmente los productos o servicios, de modo que introducen cambios importantes en los mercados existentes o incluso generan nuevos mercados que no existían antes.

- **INNOVACIÓN ABIERTA:** los desarrollos tecnológicos, metodológicos, etc., son compartidos libremente por las empresas que los crean, de manera que puedan ser explotados por cualquier otra que pretenda innovar y se consiga una evolución acumulativa gracias a la contribución del conjunto de agentes implicados.

- **INNOVACIÓN INVERSA:** consiste en despojar a un producto o servicio de una parte sustancial de sus funcionalidades, de manera que sea más asequible para los clientes que quieren adquirirlo o más fácil de utilizar, por ejemplo, y se logre así acceder a una parte del mercado de no-compradores.

- **INNOVACIÓN COLABORATIVA:** puedes colaborar con proveedores o clientes para conseguir la mejora en el producto o servicio. Este tipo de innovación está estrechamente relacionada con la innovación en la cadena de suministro (véase el capítulo 15).

▶ De todas las propuestas de innovación que se revisan en este libro, la innovación en productos y servicios es en la que estarás más expuesto al exterior.

- Es crítico afinar la idea que quieres poner en marcha, aunque en última instancia será el mercado quien decidirá el éxito o fracaso del proyecto.

- Por tanto, no escatimes tiempo o esfuerzo en lograr una alternativa que te sitúe en la mejor posición para alcanzar el éxito.

RECUERDA

En innovación en productos y servicios, el factor CRÍTICO que debes considerar es la NECESIDAD de tu cliente.
Tienes que resolver esa necesidad y aportar el VALOR suficiente.
Debes trabajar siempre asumiendo un riesgo controlado. Sigue para ello las etapas definidas en el capítulo 3.

18 MERCADOS INTERNACIONALES: EXPORTACIÓN

Si alguna vez te has preguntado qué puedes hacer para aumentar la facturación o el beneficio neto de tu empresa a la vez que diversificas las vías de ingresos y los riesgos de impago, consiguiendo además ganar una posición de liderazgo en el mercado y crear una imagen de marca fuerte, la EXPORTACIÓN puede ser una solución ideal.

Es posible que tu empresa pueda optimizarse alcanzando un tamaño mínimo eficiente: una capacidad mínima de producción que facilite la amortización de nuevas líneas, instalaciones o procesos, pero para llegar a ese tamaño debas generar un exceso de capacidad y recursos que tendrás que explotar. La EXPORTACIÓN puede ser tu mejor opción.

Si el mercado en el que se sitúa tu empresa ha alcanzado un grado de madurez que hace que la demanda no crezca y la competencia aumente de forma constante, la EXPORTACIÓN puede darte el oxígeno que necesitas.

En el momento actual el acceso a los mercados internacionales es más sencillo que nunca: la optimización de los costos logísticos, la creciente flexibilidad de los procesos aduaneros y los tratados internacionales de libre comercio o acuerdos bilaterales entre países hacen del comercio internacional una actividad asequible.

Muchas pymes que anteriormente no se hubieran planteado esta opción, ahora tienen en ella una enorme oportunidad.

▶ **Sistema de referencia**
Desarrollo de negocio.

▶ **Cambio a introducir**
Acceder a mercados internacionales para ampliar el horizonte empresarial.

▶ **Valor que se generará**
- Mayor capacidad de desarrollo de la empresa.
- Mayor capacidad de adaptación a periodos de situación económica inestable en el mercado nacional.
- Posibilidad de aumentar la capacidad de producción y generar economías de escala.
- Imagen de marca de mayor fortaleza, ya que las pymes exportadoras cuentan con un estatus que les hace destacar sobre las demás.

PROPUESTA DE IDEAS PARA LA INNOVACIÓN

▶ HAZ UN DIAGNÓSTICO DEL POTENCIAL EXPORTADOR DE TU EMPRESA
- La internacionalización es una decisión estratégica que reviste un cierto nivel de complejidad. Exige que se den unas condiciones previas que facilitarán su puesta en marcha.

- Antes de lanzarte a conquistar nuevos mercados, evalúa si tu empresa cumple esas condiciones previas. Después podrás orientar tus esfuerzos de manera más sencilla y eficaz.

▶ **Diseña una estrategia para la internacionalización**
- Como toda tarea compleja, la internacionalización puede organizarse en fases que, bien ejecutadas, aumentarán las posibilidades de éxito.

EVALUACIÓN DE IDEAS

Es necesario que tomes en cuenta y estudies en detalle algunas **barreras** que te puedes encontrar al pensar en actuar en mercados internacionales:

- Desconocimiento de los mercados, el modo de acceder a ellos, la logística, la normativa internacional y el idioma.
- Distancia geográfica, que puede implicar dificultades en algunos aspectos.
- Inseguridad en el cobro.
- Inestabilidades políticas, situaciones extremas (conflictos bélicos, desastres naturales, etc.) y diferencias culturales y de valores.
- Percepción de recursos limitados en tu propia empresa (falta de recursos para financiar operaciones internacionales, por ejemplo).
- Competencia global, barreras arancelarias en algunos mercados o barreras técnicas.

También debes conocer los **APOYOS** con los que puedes contar para la internacionalización de tu empresa:

- Incentivos económicos directos.
- Subvenciones para participar en ferias internacionales, encuentros empresariales en el extranjero, misiones comerciales, subvenciones para *marketing* en línea.
- Asesoramiento profesional: técnicos de comercio exterior de instituciones, consultores especializados, etc.
- Recursos de formación.
- Información sobre mercados internacionales: guías sobre países editadas por los institutos de comercio exterior y otras instituciones, informes de riesgo país, informes de entidades de riesgo, aseguradoras, bancos y cámaras de comercio, entre otras. Ayudas de entidades e instituciones públicas y privadas, como las citadas anteriormente, promotoras de acciones comerciales internacionales.

PUESTA EN MARCHA

AUTODIAGNÓSTICO DEL POTENCIAL EXPORTADOR

▶ ANALIZA LAS POSIBILIDADES QUE TIENEN LOS PRODUCTOS O SERVICIOS DE TU EMPRESA EN MERCADOS INTERNACIONALES.

- Aunque las necesidades de los clientes son universales, pueden haber diferencias y matices según el lugar en el que mires: analízalas con cuidado para evitar riesgos.

- Probablemente haya mercados en los que tus productos o servicios resulten innovadores, más económicos, más completos, etc. Busca hasta encontrar las mejores posibilidades.

▶ **ANALIZA LA SITUACIÓN ACTUAL DE TU EMPRESA EN VARIAS ÁREAS.**
  - **Organización / Dirección**
    - ¿Hay o está previsto que haya un área específica para la internacionalización?
    - ¿Hay unos objetivos claros en cuanto a lo que se quiere lograr con el comercio internacional?
  - **Recursos humanos**
    - ¿Es necesario contratar nuevos trabajadores que desempeñen las funciones de comercio internacional?
    - ¿Es necesaria la formación del equipo humano actual?
  - **Administración y control**
    - ¿Hay una buena relación con los bancos que podrían gestionar las formas de pago y cobro internacionales?
    - ¿Se sabe cómo preparar documentos de pago y cobro internacionales?
  - **Gestión financiera**
    - ¿Se puede dar cobertura a los riesgos de impago asociados al comercio internacional?
    - ¿Se pueden cubrir las inversiones necesarias?
    - ¿Hay fácil acceso a nuevos créditos en el caso de ser necesario?
  - **Calidad e innovación**
    - ¿Se cuenta con un sistema de gestión de la calidad sólido y respaldado por estándares internacionales (normas ISO)?

- ¿Se dispone del desarrollo tecnológico necesario para hacer frente a nuevas necesidades que puedan aparecer?

- **Servicio al cliente**
    - ¿Es posible realizar con solvencia tareas como suministro de información, elaboración de ofertas y confirmaciones de pedidos y trámites documentales en ámbitos internacionales?
    - ¿Se conoce cómo se debe realizar la facturación en mercados internacionales?
    - ¿Se puede dar a los clientes una atención postventa suficientemente buena (gestión de no conformidades, garantías, etc.)?

- **Producción**
    - ¿El sistema de producción cuenta con un procedimiento de trazabilidad seguro para hacer el seguimiento necesario a los materiales exportados?
    - ¿Se pueden dar los plazos de fabricación adecuados y con la flexibilidad necesaria en cuanto al *mix* de producción?
    - ¿Existe un sistema de envasado y embalaje adecuado para el mercado receptor?
    - ¿El sistema de almacenaje disponible es el adecuado para la nueva situación?
    - ¿Se cuenta con certificados de calidad y homologaciones exigibles para los productos exportados?

- ***Marketing* y comercialización**
    - ¿Existe un plan de *marketing* internacional?
    - ¿Se ha diseñado una red de distribución internacional?

- ¿Hay una política clara de precios para los mercados internacionales?

- **Planes de promoción:**
  - ¿Se tiene prevista la participación o la visita a ferias internacionales?
  - ¿Existe un plan para visitar a clientes potenciales?
  - ¿Es posible participar en misiones comerciales o encuentros empresariales en el extranjero?
  - ¿Se han elaborado en otros idiomas: catálogos, folletos y otros materiales de difusión; webs, blogs, boletines internos, vídeos demostrativos, etc.; y artículos para revistas especializadas?

- **Logística**
  - ¿Es posible un fácil acceso a los medios de transporte necesarios?
  - ¿Existe el conocimiento necesario para gestionar la documentación de aduanas?
  - ¿Existen medios previstos para hacer un seguimiento de las formas de pago sujetas al transporte?

▶ **Analiza los mercados que pueden interesar a tu negocio.**

- Tamaño y estructura.
- Cuotas de mercado y su segmentación.
- Evolución de la oferta sectorial: tecnologías, gustos particulares, mentalidad conservadora o abierta a la innovación, etc.
- Grado de internacionalización: mercado local protegido o abierto al exterior.

- Clima competitivo.
- Políticas de proveedores: grado de integración en la cadena de suministro, estándares a cumplir, etc.
- Canales de distribución: grandes mayoristas, venta directa u otros.
- Clientes: necesidades, exigencias, motivaciones, etc.
- Amenazas y oportunidades del mercado: nichos, tendencias, barreras de entrada o salida.

▼

Estrategia para la internacionalización

▶ **Estima las carencias que será necesario solventar en diferentes áreas.**
- Necesidades formativas.
- Nuevas contrataciones.
- Búsqueda de recursos de diferentes tipos: financieros, logísticos, etc.
- Elaboración de materiales.
- Investigación de diversos aspectos: canales de distribución, mercados, gestiones aduaneras, etc.

▶ **Haz un plan de inversiones económicas.**

▶ **Diseña un proyecto para alcanzar el grado de preparación necesario en tu empresa:**
- Definir los objetivos de la internacionalización.
- Cubrir las carencias detectadas

19 ENTORNO CERCANO

Cuando tratas de buscar nuevas oportunidades para tu empresa, ¿sueles poner el punto de mira en horizontes lejanos o en el más cercano? Hoy en día parece que casi la única opción para muchas pymes es la búsqueda de nuevos mercados en otros países. Pero a la vez que se están desarrollando conceptos como «ciudad inteligente» y «economía colaborativa», también hay otras pymes que están intensificando sus esfuerzos en buscar oportunidades en su entorno más cercano.

En el contexto más próximo a tu empresa hay posibilidades de generar valor que quizá no hayas analizado.

Tanto si exportas, o piensas en hacerlo, como si no, nunca debes perder de vista este punto de referencia que representa el «kilómetro cero».

▶ **Sistema de referencia**
Desarrollo de negocio

▶ **Cambio a introducir**
Estudiar el entorno más cercano de la empresa en busca de una mayor generación de valor.

► **Valor que se generará**

- Posición más sólida en el mercado de referencia más cercano.
- Imagen de confianza hacia su entorno.
- Descubrimiento de nuevas posibilidades de desarrollo de negocio.
- Perfeccionamiento de algunos aspectos importantes de la empresa.

PROPUESTA DE IDEAS PARA LA INNOVACIÓN

► REFUERZA LA GENERACIÓN DE VALOR EN LA CADENA DE SUMINISTRO.

- En este caso, se puede partir de la idea de que la mayor parte de los elementos de la cadena de suministro de tu empresa provienen de un entorno cercano. Si no es así, ¿podría llegar a serlo?
- El entorno de tu empresa se beneficiará en mayor escala, ya que casi toda la cadena de valor estará integrada en él.
- Una cadena de suministro cercana implicará ventajas importantes: mayor eficacia en el movimiento de materiales, mejor posición negociadora con los proveedores, resolución de problemas y conflictos más sencilla, etc.

► DESARROLLA PROYECTOS DE INNOVACIÓN CON COLABORADORES DEL ENTORNO CERCANO

- En lugar de buscar nuevos mercados para tus productos, puedes innovar en ellos para buscar una adaptación óptima en el contexto más próximo.

- La innovación colaborativa abrirá puertas sorprendentes para tu empresa.

▶ **Desarrolla los principios de la responsabilidad social empresarial**

- ¿Cómo podría contribuir tu empresa a mejorar el desarrollo de su entorno social? ¿Cómo podría aportarle valor?
- Si una pyme aporta valor a su entorno social, sin duda le será devuelto más valor.
- Se trata de considerar el éxito de un negocio según el valor que aporta en tres dimensiones: económica, social y medioambiental.
- Puedes decidir voluntariamente que tu empresa contribuya a crear una sociedad mejor, que sea respetuosa con el medio ambiente y un modelo a seguir.
- Ser socialmente responsable significa ir más allá del cumplimiento de lo establecido en la legislación vigente, invirtiendo más en el capital humano, el entorno y las relaciones con los interlocutores.
- Se espera que las empresas socialmente responsables tengan un crecimiento superior a la media, ya que la capacidad de abordar con éxito los problemas sociales y medioambientales puede ser una medida creíble de la calidad de su gestión.

La prospección del entorno cercano en busca de la generación de nuevo valor supone un mayor encaje de tu actividad empresarial en el tejido social que la rodea.

Te acercarás a la realidad más próxima, a las necesidades de las personas con las que convive tu empresa, a sus inquietudes y a los problemas que intentan resolver.

Seguramente, el valor que obtendrás de este acercamiento será más valioso de lo que hubieras imaginado.

PUESTA EN MARCHA

GENERACIÓN DE VALOR EN LA CADENA DE SUMINISTRO

- En el capítulo 15 del libro se ha revisado esta propuesta.
- La **COMUNICACIÓN** con todos los agentes participantes será mucho más sencilla, y el proyecto podrá avanzar más rápida y eficazmente.

PROYECTOS DE INNOVACIÓN CON COLABORADORES DEL ENTORNO CERCANO

Los pasos fundamentales para este tipo de proyectos fueron revisados en el capítulo 3 del libro.

En este caso, el objetivo fundamental del proyecto innovador debe ser la generación de valor en el entorno más cercano a tu empresa.

▶ **Responsabilidad social empresarial**

Su acción se centra en poner como eje de referencia a las PARTES INTERESADAS de tu organización, es decir, todos aquellos colectivos que se ven afectados por su actividad: clientes, proveedores, habitantes del entorno cercano, autoridades, etc.

Las prácticas socialmente responsables se pueden considerar desde dos dimensiones diferentes:

- **Dimensión interna:**
  - **Equipo humano:** consisten en hacer mayores inversiones en garantizar la salud y la seguridad del equipo humano, y su participación en la gestión de la empresa.

    Ejemplos: aprendizaje permanente, mejora de la información, equilibrio entre trabajo, familia y ocio, igualdad de género en la retribución y las perspectivas profesionales, participación en los beneficios de la empresa, consideración de la capacidad de inserción profesional, seguridad en el trabajo, etc.
  - **Medio ambiente:** buenas prácticas en relación a los recursos consumidos por las actividades productivas.

    Ejemplos: optimización de recursos, reducción de desechos, análisis del impacto ambiental de un producto a lo largo de su ciclo de vida útil, entre otras medidas.

- **Dimensión externa:**
  - **Comunidades locales:** prácticas para contribuir activamente al desarrollo del entorno más cercano en el

que se inscriben, proporcionando puestos de trabajo, salarios equilibrados, prestaciones sociales e ingresos fiscales.

La reputación de las pymes socialmente responsables se refuerza significativamente en su entorno cercano, lo que incrementa su competitividad.

También es imprescindible impedir los impactos que pueda generar para el medio ambiente la actividad de la empresa: contaminación acústica, lumínica, de las aguas, del aire, del suelo, etc.

- PROVEEDORES Y CLIENTES
  - Una colaboración estrecha con ellos dará como resultado una reducción de la complejidad de los procesos y de los costos y un aumento general de la calidad.
  - El resultado del negocio puede verse afectado por las prácticas de proveedores y clientes a lo largo de toda la cadena de suministro.

La responsabilidad social debe gestionarse de manera INTEGRADA con el resto de la gestión empresarial, teniendo en cuenta los factores pertinentes en la toma de decisiones.

Los productos pueden ser distinguidos con etiquetas ecológicas y sociales, que indican que se han producido utilizando métodos responsables.

▶ INVERSIÓN SOCIALMENTE RESPONSABLE: la que se hace teniendo en cuenta criterios de responsabilidad social.

► Plan de acción

- Colaborar con todas las partes interesadas del entorno local de tu empresa para analizar los aspectos que más interesaría desarrollar.
- Estrategia para desarrollar dichos aspectos.

RECURSOS

Los recursos constituyen el patrimonio de tu empresa, ya que son la parte material que utilizas para satisfacer las necesidades de tus clientes y aportarles valor.

Puede parecer obvio, pero es necesario que cuides convenientemente todos los recursos de tu organización.

Conocimientos, recursos económicos, equipos, infraestructuras y equipo humano deben ser monitorizados y evaluados de manera continua, para lograr que siempre estén en un estado óptimo.

Si logras optimizar los recursos de tu empresa, de modo que generes el máximo VALOR con el mínimo consumo, podrás alcanzar más rápidamente los objetivos de tu ESTRATEGIA.

Figura 16.

20 GESTIÓN DEL CONOCIMIENTO

Las pymes tienen una gran oportunidad de mejorar en este campo si en ellas se vive alguna de las siguientes situaciones:

- Una persona es la única que sabe hacer los reglajes que algunas máquinas necesitan para funcionar a la perfección. Cuando ella falta se generan situaciones de caos, nerviosismo y hasta emergencia.
- Cuando se produce un fallo de calidad que crea un problema grave con un cliente, no es posible saber cómo se resolvió cuando sucedió algo muy similar tiempo atrás, ni cuál fue la causa exacta de ese error.
- Normalmente no es necesario consultar los planos de los diferentes modelos de producto y especificaciones de clientes, porque siempre se trata de las mismas referencias y «se las saben de memoria». Pero el día que hay que buscar uno de los planos porque hay que variar algún detalle, o se solicita una referencia poco frecuente, cunde el pánico. Se pierde un tiempo precioso hasta que el plano requerido aparece, y la sorpresa es mayúscula cuando se descubre que se trata de una versión desactualizada.

- El equipo comercial atesora información de muchos clientes que solo él controla. A las áreas de producción o administración transmiten indicaciones un tanto crípticas sobre cómo hacer las cosas con esos clientes. En realidad, nadie más sabe el porqué de esas operativas.

- En el negocio familiar se produce una grave crisis cuando el fundador llega a su jubilación y los hijos se hacen cargo del negocio. ¿Cómo se hacía esto? ¿Dónde están estos documentos? ¿Por qué estas condiciones de servicio con este cliente? El fundador conocía toda esa información, pero no parece posible su transmisión a la velocidad que la situación requiere.

▶ **Sistema de referencia**
Gestión de recursos.

▶ **Cambio a introducir**
Implementar una metodología de gestión del conocimiento en la empresa.

▶ **Valor que se generará**
- Ahorro de tiempo y dinero en la ejecución de algunas gestiones, gracias a conocer bien la operativa de los procesos en todos los casos que se puedan presentar; saber la localización de todos los documentos y tener la seguridad de que están actualizados y en vigor, entre otros.

- Prevención de situaciones problemáticas en el caso de que alguna persona se ausente, o se presente una urgencia con algún pedido o haya un error de calidad.
- Mejora de la calidad global de la producción, ya que muchos errores de calidad se deben a un conocimiento deficiente de algunos procesos o procedimientos.
- Acumulación de conocimientos valiosos sobre la empresa.

PROPUESTA DE IDEAS PARA LA INNOVACIÓN

▶ **CREA INSTRUCCIONES PARA TODAS AQUELLAS OPERACIONES QUE REQUIERAN DE CONOCIMIENTOS ESPECÍFICOS PARA SER LLEVADAS A CABO:**
  - Pueden ser reglajes de máquinas (a veces un documento de elaboración propia es más útil que el que acompaña a la propia máquina), actividades de control de existencias y suministros en un almacén, tareas administrativas relacionadas con la facturación o gestión de pedidos, etc.
  - Puede resultar una carga de trabajo en un primer momento, pero una vez estén listas, la mejora será notable.

▶ **CREA UN SISTEMA DE CODIFICACIÓN Y GESTIÓN PARA TODA LA DOCUMENTACIÓN RELEVANTE:**
  - Debe ser sencillo pero riguroso.

- Cualquier documento que haya que consultar en un momento determinado ha de estar siempre localizable, y se debe tener la seguridad de que es válido.
- Es conveniente disponer de una BASE DE DATOS en la que poder buscar la referencia de cualquier documento, cliente, producto, etc.

▶ **CREA UN INFORME DE INVESTIGACIÓN Y GESTIÓN DE LOS FALLOS DE CALIDAD QUE OCURRAN:**
- Registra en él la información significativa con respecto a lo que ha sucedido: cómo ha ocurrido, cliente al que afecta, etc.
- Anota posteriormente las causas que se hayan detectado con respecto al problema, las soluciones implementadas y cualquier otro detalle relevante.
- Con el tiempo tendrás una información muy valiosa que te ayudará a tomar decisiones rápidas y acertadas en momentos en los que la urgencia y la presión no son buenos aliados.

▶ **CREA UN MODELO DE INFORME COMERCIAL, O «DIARIO DE CLIENTE»:**
- Las personas que desempeñen la labor comercial deberán registrar en ese tipo de documentos cualquier información de importancia para el buen servicio a cada cliente.
- De esa manera, estarás siempre al corriente de los casos particulares que ocurran, y sabrás el porqué de muchas circunstancias.

Implica a tu equipo en la labor de redactar INSTRUCCIONES DE OPERACIONES: no hay nadie mejor para hacer una instrucción que aquel que hace la tarea a diario. Ahora bien, comprueba que esa persona no la hace «para sí misma», sino que es inteligible por cualquier otra persona que la pueda necesitar.

Pon a prueba las instrucciones: intenta que una tarea sea realizada por alguien que no la realice habitualmente, aunque esté familiarizado con ella. Para ello, contará con la instrucción elaborada.

¡ATENCIÓN! Esto no debe hacerse nunca con tareas que entrañen riesgos evidentes para la seguridad de las personas. En esos casos, es necesario un proceso riguroso de formación antes de que se ejecute la tarea.

Expón de modo atractivo la idea del informe de investigación de fallos de calidad. La colaboración de todo el equipo humano es fundamental en este aspecto. Deben tener claro que el objetivo de esta herramienta no es la búsqueda de culpables, sino la correcta gestión de los casos que afectan negativamente a los clientes y el aprendizaje para casos futuros.

Pregunta al equipo comercial sobre cualquier detalle que te llame la atención respecto al servicio que se presta a cada cliente. Deben estar predispuestos a compartir toda la información que generan en el desarrollo de su labor diaria.

Estas mejoras no deberían consumir muchos recursos. No es necesario recurrir a un costoso *software* de gestión del conocimiento, cuyas prestaciones y funciones posiblemente exceden las que tu empresa necesita.

Impide que las prácticas arraigadas durante tiempo terminen dejando este proyecto a un lado. Es importante que las nuevas prácticas se conviertan en hábitos sólidos.

> **RECUERDA**
>
> El conocimiento es uno de los recursos más valiosos de una pyme, pero solo podrás obtener beneficio de él si lo gestionas adecuadamente.
>
> Es un recurso intangible, así que solo podrás asegurar su conservación si lo fijas en un soporte físico que se pueda custodiar adecuadamente.

21 RECURSOS ECONÓMICOS: PRESUPUESTO

Si necesitaras hacer un gasto inesperado en tu empresa, ¿sabes si sería posible abordarlo sin incurrir en una situación problemática?

Si tuvieras como objetivo estratégico el crecimiento de tu actividad, ¿sabrías estimar cuántos recursos económicos necesitarías, y cuándo podrías acometer dichas inversiones? ¿Qué parte de la inversión deberías obtener a través de la financiación externa?

Dejar de gestionar los recursos económicos día a día y emplear un mecanismo predictivo para organizarlos supone una gran oportunidad de mejora. Representa abrir una puerta al crecimiento y olvidar los episodios de preocupación e incertidumbre por desconocimiento de lo que va a suceder en un futuro inmediato.

► **Sistema de referencia**
Gestión de recursos.

► **Cambio a introducir**
Implementar un sistema predictivo de gestión de los recursos económicos.

▶ **Valor que se generará**

- Mayor capacidad para ejecutar estrategias de crecimiento.
- Mayor capacidad para afrontar situaciones imprevistas.

PROPUESTA DE IDEAS PARA LA INNOVACIÓN

1 DISEÑA UN PRESUPUESTO ANUAL DE TESORERÍA

- Se trata de estimar la diferencia que habrá entre los ingresos esperados y los gastos previstos en cada mes del año: el dinero que se va a quedar en tu empresa.
- En función de la tesorería resultante de cada mes, podrás tomar diferentes decisiones:
  - Incrementar los gastos de manera puntual.
  - Ahorrar para hacer una inversión más adelante.
  - Reducir los gastos durante un tiempo.

2 ANALIZA LAS POSIBILIDADES DE ENCAJAR TU PLANIFICACIÓN ESTRATÉGICA EN EL PRESUPUESTO DE TESORERÍA

- La ESTRATEGIA de negocio planteada requiere de inversiones económicas en determinadas etapas.
- El crecimiento previsto en la ESTRATEGIA puede generar un aumento de producción que habrá que soportar con recursos económicos.
- La ESTRATEGIA puede requerir un consumo mayor de recursos durante un tiempo, por lo que para mantener la producción habrá que prever un soporte alternativo.

3 TOMA LAS DECISIONES NECESARIAS PARA PODER AVANZAR EN TU ESTRATEGIA

- Habrá meses más propicios para ejecutar algunas de las inversiones que tu ESTRATEGIA requiere: puedes modificar algunos plazos si eso es viable.
- Puedes ahorrar en los meses de bonanza para tener más recursos cuando llegue el momento de hacer inversiones.
- Si la tesorería estimada no es suficiente para soportar la ESTRATEGIA que has diseñado, puedes idear formas de aumentarla en periodos determinados:
  - Lanzando campañas especiales de algunos productos o servicios.
  - Diseñando campañas de *marketing* que atraigan a más clientes potenciales.
  - Buscando financiación externa.

EVALUACIÓN DE IDEAS

El presupuesto de tesorería que hagas no va a estar exento de incertidumbre. Se trata de predicciones que tal vez no se cumplan. Aun así, siempre es conveniente tener un pronóstico económico.

Para la elaboración del presupuesto de tesorería debes emplear los datos históricos de facturación de la empresa, considerando las variaciones estacionales que se puedan dar cada año o cualquier otro contexto que sea previsible para los próximos meses.

Utiliza datos basados en argumentos consistentes y apropiados.

No incrementes de manera artificial las cifras de los ingresos esperados para asegurar que tu ESTRATEGIA va a encajar en el presupuesto, ya que después será muy difícil cumplir con las expectativas y la situación puede comportar problemas de difícil resolución.

▶ PRESUPUESTO DE TESORERÍA

Puedes simular escenarios de varios tipos en los que por una causa o por otra no se puedan cumplir las estimaciones hechas. De esa manera puedes afinar el proceso de decisión en cada etapa. Para ello puedes emplear el modelo de la tabla 21.1.

▶ ENCAJE DE LA ESTRATEGIA EN EL PRESUPUESTO

Para tu análisis, puedes utilizar una gráfica como la que se muestra en la figura 17.

En ella se muestra la previsión evolutiva de la tesorería de tu empresa a lo largo del año. Puede haber variaciones debidas a un carácter estacional de tu actividad. Las tendrás que tener en cuenta para prever siempre los recursos suficientes.

En resumen, la posibilidad de hacer inversiones para respaldar la ESTRATEGIA varía según la época del año.

		E	F	M	A	M	J	J	A	S	O	N	D
Ingresos previstos													
Gastos	Locales												
	Máquinas												
	Plantilla												
	Energía												
	Materia prima												
	Servicios auxiliares												
	Otros												
	Total												
Tesorería prevista													

Tabla 21.1.

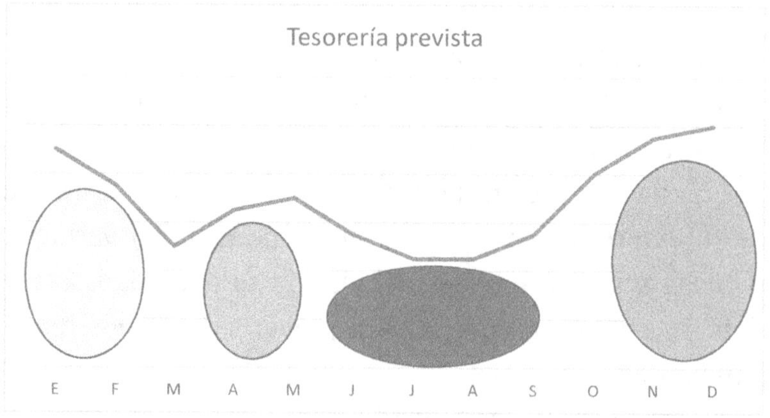

Figura 17.

Cómo innovar en las pymes

El final del año sería una buena época para invertir dinero en alguna de las etapas de la estrategia. O bien, puedes ahorrar dinero en esa época para realizar inversiones o aumentar el nivel de gastos en otros periodos.

En el verano, sin embargo, lo más aconsejable sería reducir gastos.

▶ TOMA DE DECISIONES

- Cada decisión tiene sus consecuencias. Toma decisiones basándote en la mejor información de la que dispongas y asume el riesgo que comportan.
- Procura moverte siempre en una zona de «riesgo controlado» en la que incluso en las peores circunstancias puedas afrontar las pérdidas generadas.

RECUERDA

Un presupuesto de tesorería no va a garantizar que puedas ejecutar con éxito la ESTRATEGIA de negocio que has planificado, pero te va a acercar en gran medida al camino correcto.

22 RECURSOS FÍSICOS E INFRAESTRUCTURAS

¿Haces a tu vehículo las revisiones que marca el manual del usuario? Las hagas en el taller oficial o en otro, las revisiones periódicas de tu vehículo aseguran que este estará en condiciones óptimas de uso durante más tiempo.

¿Garantizan las revisiones que no vaya a tener averías? No. Las piezas y mecanismos se van desgastando con el tiempo, el uso o las condiciones ambientales, y pueden dar lugar a averías.

Sin embargo, el mantenimiento periódico permite detectar algunas de las causas potenciales de averías antes de que estas se produzcan.

¿Imaginas que a tu vehículo no le hicieras ningún tipo de mantenimiento, o que lo hicieras de manera aleatoria?

Dota a tu empresa de un sistema de atención y seguimiento de todos sus recursos físicos que haga que estos estén en perfectas condiciones durante más tiempo y que te «avisen» de las averías más frecuentes antes de que ocurran.

▶ **Sistema de referencia**
Gestión de recursos.

▶ **Cambio a introducir**

Implementar una herramienta de seguimiento y gestión de los recursos físicos e infraestructuras de la empresa.

▶ **Valor que se generará**

- Ahorro de costos por reducción del número de averías en los equipos de producción.
- Conservar el lugar de trabajo en condiciones óptimas.
- Reducción de incidencias en la calidad.

PROPUESTA DE IDEAS PARA LA INNOVACIÓN

▶ DISEÑA UN PLAN DE MANTENIMIENTO PREVENTIVO PARA LOS EQUIPOS DE PRODUCCIÓN

- Consiste en efectuar una serie de operaciones de asistencia a los equipos de producción, sin que exista ninguna avería ni mal funcionamiento.
- El objetivo del plan es prevenir las averías.

  Ejemplo: es necesario engrasar las partes móviles de una máquina aunque no chirríen.
- Son planes que se ejecutan de manera rutinaria, por lo que sólo hay que establecer el calendario de tareas a realizar.

▶ DISEÑA UN PLAN DE SEGUIMIENTO PARA LAS INFRAESTRUCTURAS

- Hay recursos físicos que no están sometidos a un plan de mantenimiento preventivo. Pero esto no quiere decir que no haya que prestarles atención.

- Hacer revisiones periódicas de todas las infraestructuras te evitará algunos disgustos.

  Ejemplo: una gotera importante casi siempre fue en principio una gotera pequeña.

  Ejemplo: una puerta que no cierra, antes fue una puerta que se atascaba un poco.

  Ejemplo: la mitad de los tubos fluorescentes de la nave de producción no se fundieron en la misma semana.

► IMPLEMENTA UNA HERRAMIENTA DE REGISTRO DE ASISTENCIAS EFECTUADAS

- Con ella tendrás siempre un conocimiento detallado y en tiempo real de la asistencia que se da a los equipos e infraestructuras, bien sea a través de personal propio o de servicios externos.

- Cuando dispongas de un «histórico» suficientemente amplio, podrás recurrir a él para extraer conclusiones respecto a problemas, o poder tomar decisiones que afecten a las infraestructuras de tu empresa.

► IMPLEMENTA UNA HERRAMIENTA DE REGISTRO DE AVERÍAS EN EQUIPOS

Registrar la información correspondiente a cada avería que sucede te ofrecerá con el tiempo un banco de datos muy valioso. Podrás analizar periodos de mayor incidencia de averías en busca de factores desencadenantes, por ejemplo.

El sistema que se pretenda implementar debe ser sencillo. Puedes revisar todas y cada una de las partes de una máquina semanalmente, pero será un trabajo infructífero. Con un mínimo trabajo los resultados pueden ser muy notables.

Los fabricantes de maquinaria suelen recomendar la frecuencia de los mantenimientos preventivos en los manuales de instrucciones.

Un plan de mantenimiento preventivo no sustituye las operaciones obligatorias de sustitución de piezas, ni tampoco las revisiones obligatorias que indiquen las normativas legales.

Para implementar estos cambios es conveniente hacerlo de modo gradual. El equipo humano de la empresa seguramente está acostumbrado a hacer las cosas de una manera, y les va a costar cambiar sus rutinas. El beneficio que supone la implementación de estas herramientas va a ayudar a asumir los nuevos hábitos.

PUESTA EN MARCHA

▶ **PLAN DE MANTENIMIENTO PREVENTIVO**
Puedes utilizar un esquema de seguimiento como el de la tabla 22.1, modificándola para adaptarla a tus necesidades.

▶ **PLAN DE SEGUIMIENTO DE INFRAESTRUCTURAS**
En el modelo de la tabla 22.2 puedes incorporar todas las infraestructuras físicas de la empresa y sus elementos: edi-

Equipo	Engrase	Ajuste	Revisión	Limpieza	Otros
Equipo 1	Puntos a engrasar (frecuencia)	No aplica	Elementos a revisar Operativa en detalle (frecuencia)	Descripción de elementos a limpiar Operativa en detalle (frecuencia)	
Equipo 2	No aplica	Mecanismo a ajustar (frecuencia)	Elementos a revisar Operativa en detalle (frecuencia)	Descripción de elementos a limpiar Operativa en detalle (frecuencia)	
Equipo 3	Puntos a engrasar (frecuencia)	Mecanismo a ajustar (frecuencia)	Elementos a revisar Operativa en detalle (frecuencia)	Descripción de elementos a limpiar Operativa en detalle (frecuencia)	

Tabla 22.1.

ficaciones, ventanas, puertas, suelos, escaleras, lámparas de iluminación, etc.

▶ **Registro de asistencias efectuadas a equipos e infraestructuras**

Puedes emplear el modelo de la tabla 22.3 para registrar las asistencias que se realicen sobre los equipos y las infraestructuras.

VERIFICACIÓN DE INFRAESTRUCTURAS											
INFRAESTRUCTURA	ENE	FEB	MAR	ABR	MA	JUN	JUL	AGO	SEP	OCT	NOV	DIC
Infraestructura 1												
Infraestructura 2												
Infraestructura 3												
Infraestructura 4												
Observaciones												

Tabla 22.2.

FECHA	EQUIPO / INSTALACIÓN	¿PLAN DE MANTENIMIENTO PREVENTIVO? (Si/No)	INCIDENCIA	ACTUACIÓN	FIRMA

Tabla 22.3.

▶ **REGISTRO DE AVERÍAS EN EQUIPOS DE PRODUCCIÓN**

En cuanto a registrar las averías que se produzcan en los equipos de producción, puedes emplear un modelo como el de la tabla 22.4.

Equipo	Fecha	Descripción de la avería	Causa	Observaciones

Tabla 22.4.

Finalmente, puedes tratar la información recopilada, de manera que puedas saber cuáles son las causas principales de averías o qué máquinas se han averiado más veces, entre otras variables. También puedes registrar en la tabla informaciones adicionales, como cuál ha sido la duración de la avería, el costo, etc.

El tratamiento de esta información ampliará significativamente el conocimiento que te ha de permitir tomar decisiones acertadas.

RECUERDA

Mantener los equipos de producción y las infraestructuras físicas de tu empresa en perfecto estado no supone un enorme trabajo. Una pequeña dedicación diaria o semanal será suficiente.
Afronta el día a día con la tranquilidad de saber que todo está en perfecto estado.

23 RECURSOS HUMANOS

Si imaginaras a la persona ideal que debería ocupar un determinado puesto de trabajo en tu empresa, ¿coincidiría el perfil deseado con la persona que realmente ocupa el puesto?

Hacer este ejercicio no implica resolver que tienes que sustituir a algunos miembros del equipo. Probablemente lleves trabajando con ellos mucho tiempo y son de total confianza. Este ejercicio tiene como objetivo detectar carencias en el equipo, que serían fácilmente subsanables con la formación adecuada.

Cuando te planteas contratar a una nueva persona, ¿tienes claras las habilidades o el nivel de formación que debería tener?

Si desde el principio incorporas a personas con el perfil adecuado, te evitarás algunos problemas posteriores.

▶ **Sistema de referencia**
Gestión de recursos.

▶ **Cambio a introducir**
Diseñar perfiles de puesto de trabajo e implementar un plan de formación para el equipo humano.

► **Valor que se generará**

* Mayor productividad del equipo humano.
* Menor cantidad de errores de calidad debidos a factores humanos.
* Mayor motivación de las personas que trabajan en tu empresa.

PROPUESTA DE IDEAS PARA LA INNOVACIÓN

► **DISEÑA LOS PERFILES DE CADA PUESTO DE TRABAJO**

* En ellos consignarás las principales habilidades, el nivel de formación y la experiencia previa que cada puesto de trabajo requiere.
* Te servirán para detectar necesidades de formación en los miembros de tu equipo, y para hacer nuevas contrataciones.

► **DISEÑA UN PLAN DE FORMACIÓN**

* Planifica las acciones formativas desde el principio del año, de manera que se puedan llevar a la práctica.
* La formación continua del equipo aumenta su valor y su motivación.

► **IMPLEMENTA FICHAS DE SEGUIMIENTO PERSONAL**
En ellas podrás ver el recorrido formativo de cada persona del equipo humano a lo largo de los años, y evaluar si la formación recibida fue eficaz o no.

En muchas ocasiones, no se pueden afrontar todas las necesidades formativas del equipo en un solo año. Es conveniente diseñar un plan para los próximos tres años.

Es preferible hacer menos acciones formativas, pero conseguir que las que se hagan sean verdaderamente eficaces y útiles.

Selecciona buenos proveedores de formación. Busca siempre las mejores opciones, que no tienen por qué ser las más caras.

PUESTA EN MARCHA

▶ **PERFILES DE PUESTO**
  - Comparando las características presentes en estos perfiles de puesto de trabajo con las características reales de las personas que componen el equipo humano, puedes extraer cuáles son sus necesidades de formación.
  - Puedes utilizar un formato similar al modelo de la tabla 23.1.

▶ **PLAN DE FORMACIÓN**
Para la planificación de las acciones formativas, puedes emplear en un modelo sencillo, como el que se presenta en la tabla 23.2.

▶ **FICHA DE SEGUIMIENTO PERSONAL**
Para realizar el seguimiento de las personas que forman parte del equipo humano de tu empresa, puedes emplear una tabla como la representada en la tabla 23.3.

Puesto de trabajo
Funciones
Formación requerida
Experiencia previa requerida
Habilidades deseadas
Observaciones:

Tabla 23.1

Actividad	Responsable	Fecha prevista	Participantes previstos	Duración	Costo estimado

Tabla 23.2.

Apellidos:	Nombre:
Fecha nacimiento:	Fecha incorporación:
Formación previa:	Desde: Hasta:
Experiencia previa:	Desde: Hasta:
Puestos desempeñados:	Desde: Hasta:

Formación recibida:

Formación	Fecha	Duración	Formador	Eficaz (sí/no)

Tabla 23.3.

- Es conveniente generar un documento donde queden registradas las actividades formativas que se van organizando. En este documento puedes anotar la información relativa a fechas, costos, número de asistentes, etc.
- También puede ser muy útil que sean los propios miembros del equipo quienes propongan acciones formativas, con lo que estas adquieren un mayor potencial.

24 OPTIMIZACIÓN DE RECURSOS

Un vehículo que consuma poco combustible hace posible hacer un viaje largo con el mismo costo que si se hiciera un viaje corto con otro vehículo, es decir, genera un menor costo para un recorrido determinado.

Si te has planteado que tu empresa llegue más lejos y se desarrolle siguiendo una PLANIFICACIÓN ESTRATÉGICA, cambiando elementos del MODELO DE NEGOCIO, por ejemplo, siempre será positivo reducir al máximo el consumo de recursos, de modo que queden recursos libres para poder implementar las mejoras necesarias.

▶ **Sistema de referencia**
Gestión de recursos

▶ **Cambio a introducir**
Optimizar el uso de recursos, eliminando todos aquellos elementos o actividades que no generen VALOR suficiente.

▶ **Valor que se generará**
Liberación de recursos que estarán disponibles para la correcta ejecución de la PLANIFICACIÓN ESTRATÉGICA, o para poner en marcha alternativas al MODELO DE NEGOCIO actual.

▶ APLICAR LOS PRINCIPIOS DE LA METODOLOGÍA *LEAN* PARA OPTIMIZAR EL USO DE RECURSOS:

- La idea central de la metodología LEAN implica CREAR MÁS VALOR PARA LOS CLIENTES CON MENOS RECURSOS.
- Para ello, debes comprender bien qué es el VALOR para tu cliente y maximizar su producción utilizando un proceso sin PÉRDIDAS DE RECURSOS.
- La metodología LEAN requiere que consideres el proceso de creación de VALOR como un flujo GLOBAL que recorre todo tu negocio hasta llegar al propio cliente. Por lo tanto, para maximizar el VALOR para un cliente deberás mejorar su flujo en todos los procesos de manera equilibrada.

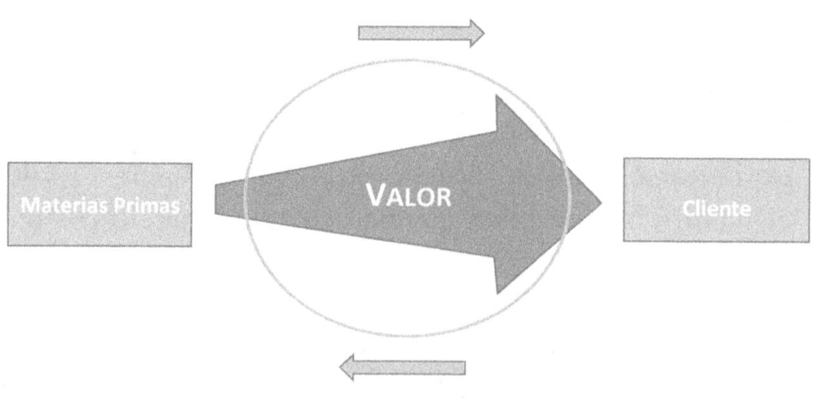

Figura 18.

La aplicación de la metodología LEAN para optimizar los recursos de tu negocio implica un proyecto de transformación global. No obstante, pueden realizarse previamente experimentos piloto en algunas partes del proceso de producción o prestación de servicios.

LEAN exige que todo el equipo se implique al máximo, ya que habrá que trabajar sobre cada etapa de creación de VALOR, de manera que esté totalmente controlada y supervisada para que su funcionamiento ocurra SIN PÉRDIDAS. Por ello, tienes que presentar de manera atractiva la idea del proyecto, de modo que logres la colaboración de todo el personal.

PUESTA EN MARCHA

▶ CICLO DE MEJORA CONTINUA DEL PROCESO DE CREACIÓN DE VALOR
Una vez identificado el VALOR para el cliente, debes poner en marcha un ciclo de mejora continua:

1 PLANIFICA las etapas de creación de VALOR en tu empresa.
   - Debes ordenarlas en una secuencia tal que la PÉRDIDA DE VALOR sea mínima.
   - Debes tomar como motor del ciclo la NECESIDAD de tu cliente.
2 EJECUTA el proceso de creación de VALOR.
3 MIDE y ANALIZA los resultados, en base al VALOR generado y las PÉRDIDAS sufridas.

4 **REALIZA** acciones correctoras que minimicen las PÉRDIDAS. En general, cualquier actividad que no genere VALOR o que produzca PÉRDIDAS debe ser eliminada (o transformada).

Debes repetir el ciclo de mejora continua hasta que el proceso global sea «perfecto», es decir, hasta que las PÉRDIDAS sean insignificantes.

Implementar este ciclo puede requerir de inversiones económicas en determinados momentos. El objetivo de estas inversiones es lograr que el proceso de creación de VALOR consuma menos recursos y satisfaga al cliente lo máximo posible. Se trata, por lo tanto, de inversiones que tendrán su retorno en un periodo determinado de tiempo.

Trabajar en este ciclo implica cambiar profundamente la manera de hacer muchas cosas, por lo que deberás avanzar poco a poco, afianzando cada paso antes de dar otro.

Cada pequeño avance en esta metodología, cada beneficio logrado en el sentido de optimizar los recursos del negocio a la vez que se aumenta la satisfacción de los clientes, debe ser compartido por todo el equipo. La información debe ser continua y transparente.

RECUERDA

El criterio de referencia siempre debe ser: MÁXIMO VALOR CON MÍNIMOS RECURSOS.

El objetivo es conseguir que las PÉRDIDAS DE VALOR sean CERO.

TECNOLOGÍAS BASADAS EN INTERNET

La evolución de la tecnología en los últimos años es la clave que hace posible que las pymes puedan competir en mercados muy exigentes, superando el abismo infranqueable que hasta tiempos recientes las separaba de empresas de mayor tamaño.

Ahora mismo, una pyme tiene acceso prácticamente a la misma tecnología que las mayores empresas del mundo.

En este sentido, puede ofrecer a sus clientes la misma fiabilidad y eficacia que sus grandes competidores, con la ventaja en muchos casos de tener precios muy competitivos y una alta especialización.

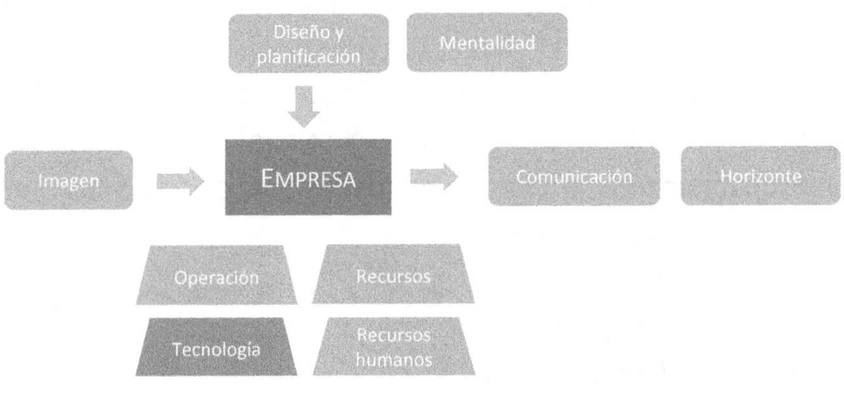

Figura 19.

El concepto de tecnología es sumamente amplio. Para el objetivo que nos incumbe en este libro, voy a centrarme únicamente en el grupo de las llamadas «tecnologías basadas en internet».

El uso de internet trae de la mano tecnologías que mejoran en gran medida la gestión de la información y la ejecución de numerosas tareas.

Hay prestaciones que pueden mejorar significativamente el rendimiento de tu empresa: gestión de equipos comerciales en tiempo real, control global de procesos productivos, gestión de carteras de clientes, operaciones de *marketing* de gran potencia, comunicación fluida con tu equipo y tus clientes, colaboración entre personas o equipos en proyectos complejos, o movilidad del equipo humano, que puede acceder a la información necesaria desde cualquier lugar en el que se encuentre, por ejemplo.

Y todo ello a costos reducidos que permiten que cualquier empresa que se lo plantee pueda competir en las mejores ligas de su sector de actividad.

No obstante, este tipo de tecnología aún es objeto de debates en el contexto de las pymes. ¿Por qué?

Probablemente se debe a algunos prejuicios arraigados respecto a estas tecnologías:

- Son caras.
- Son complejas.
- No aportan mucho valor.
- No garantizan la seguridad.

¿Pero cuál es el origen de estos prejuicios?

Durante un tiempo sí resultaba complejo implementar tecnologías de gestión de la información y la comunicación (TIC) y ponerlas en funcionamiento. Eran procesos caros, largos y complicados, y el resultado final no era con frecuencia el o deseado. Los programas informáticos eran rígidos, modulares, no se adaptaban a la actividad del lugar donde funcionaría. Era la actividad la que debía adaptarse al *software*. Además, había que pagar por actualizaciones frecuentemente.

Esta época ha dejado huella en muchas personas, de manera que siguen pensando que la situación es la misma y que internet ha aportado incluso mayor confusión y posibilidad de fracaso.

Nada más lejos de la realidad.

Actualmente, el costo de las tecnologías basadas en internet es reducido, incluso es posible encontrar algunas de ellas gratuitas si se desea una funcionalidad básica.

Por otro lado, su interacción con el usuario se ha simplificado enormemente. Son sencillas, intuitivas y adaptables. El valor que pueden aportar a cualquier pyme es muy grande y garantizan un nivel de seguridad más que aceptable.

Para una mejor comprensión de sus potencialidades, cabe recordar algo que estas tecnologías tienen en común: la nube *(cloud)*.

Todos hemos oído hablar mucho de la nube, pero puede que a algunas personas les siga resultando un tanto confuso este término y desconozcan a qué hace referencia exactamente.

De manera resumida, la nube implica un conjunto de servidores de gran capacidad situados geográficamente en uno o varios lugares, en los que se puede almacenar información o tener instaladas aplicaciones de *software*, de manera que dicha información o aplicaciones estén disponibles para todos aquellos usuarios que las necesiten, a través de dispositivos con conexión a internet: ordenador, tableta, teléfono móvil, reloj o gafas de realidad aumentada, entre otros.

Las tecnologías basadas en internet ofrecen utilidades y servicios sobre la base de esta capacidad de almacenamiento y puesta en disposición que la nube permite.

Como usuario de estas tecnologías, cuentas con acceso a la nube, concretamente a los servidores que la empresa que ha diseñado la aplicación haya puesto en funcionamiento.

Y gracias a este acceso puedes acceder a todas las utilidades que voy a enumerarte, clasificadas en dos grupos:

- Aplicaciones de almacenamiento y gestión de información.
- Aplicaciones para la comunicación, el diseño y el *marketing*.

25 APLICACIONES PARA EL ALMACENAMIENTO Y LA GESTIÓN DE LA INFORMACIÓN

Hay varias tendencias que marcan de manera creciente el camino para casi todos los negocios. La movilidad, el trabajo colaborativo y las respuestas inmediatas son tres de las principales.

¿Puedes adaptar tu empresa a estas tendencias con los métodos y herramientas de trabajo tradicionales? En el término «tradicionales» podemos incluir aquí cosas no tan antiguas como el correo electrónico, por ejemplo.

Si sales de la oficina, ¿cómo puedes consultar un documento que te haga falta? ¿Llevarás siempre tu ordenador encima?

Y si algunos documentos fueron modificados mientras estabas fuera, ¿tendrás que esperar a recibirlos por correo electrónico para poder descargarlos?

¿Cómo podrías optimizar un trabajo que estés llevando a cabo en colaboración con tu equipo en estas condiciones?

¿Sabes en cualquier momento en qué estado están los pedidos de tus clientes? ¿Podrías darles información al respecto en cualquier momento y desde cualquier lugar?

▶ **Sistema de referencia**
Información y comunicación.

▶ **Cambio a introducir**

Utilizar aplicaciones basadas en internet para optimizar el almacenamiento y la gestión de la información.

▶ **Valor que se generará**

- Optimización en el uso del tiempo.
- Aumento de la eficacia del trabajo en equipo.
- Aumento de la eficacia en el uso de la información.

PROPUESTA DE IDEAS PARA LA INNOVACIÓN

▶ **ALMACENAMIENTO DE INFORMACIÓN**

- Prueba EVERNOTE (www.evernote.com).
- Prueba DROPBOX (www.dropbox.com).

▶ **TRABAJO EN EQUIPO**

- Prueba BOX (www.box.com).
- Prueba AZENDOO (www.azendoo.com).

▶ **GESTIÓN DE TU NEGOCIO**

- Haz una búsqueda para «CRM para pymes» en cualquier buscador de internet, o *«software* para pymes», para ver opciones interesantes.
- Consulta tus necesidades en www.softwareparapymes. net. Es una empresa que diseña aplicaciones de *software* en la nube para multitud de usos en el terreno de la gestión empresarial.

EVALUACIÓN DE IDEAS

Es conveniente explorar estas herramientas, probarlas (todas ellas se pueden utilizar perfectamente de modo gratuito) para evidenciar las utilidades que te pueden ofrecer.

Haz pequeños ensayos con ellas, guardando información y probando las posibilidades que te brindan cuando estás fuera de la oficina y llevas encima solo tu teléfono inteligente, o incluyendo a algún miembro de tu equipo y trabajando con él en tiempo real y a distancia, por ejemplo.

Cuando tengas claro el uso que podrías darles a estas herramientas, y cuáles prefieres, extiende las pruebas a una parte mayor de tu equipo. Cuenta con sus opiniones, debate con ellos en profundidad, haced más pruebas y recoged más información que os permita obtener conclusiones.

Finalmente, tendrás que tomar la decisión de empezar a trabajar seriamente con alguna de estas aplicaciones. Para ese momento, una parte principal de tu equipo ya tendrá claro el valor que pueden aportar a la empresa.

PUESTA EN MARCHA

La mayoría de estas herramientas son de uso sencillo e intuitivo. Podrías implantarlas en tu empresa en muy pocas horas. Sin embargo, no conviene que pierdas de vista que implican algunos cambios en la forma de trabajar de tu equipo.

Normalmente, cada persona en su puesto de trabajo tiene su método de nomenclatura y organización de archivos en su ordenador personal. Por esta razón, los esfuerzos que hay que hacer para compartir información son a veces muy importantes.

A partir de la implantación de estas herramientas, todo el equipo debe tener claro que hay dos tipos de archivos: los que se pueden compartir y los que no. Todos los archivos que se comparten se deben organizar y nombrar de manera estandarizada, de modo que sean fácilmente localizables para su consulta o uso por todas las personas que deban acceder a ellos.

Por otro lado, no todas las personas deberán tener acceso a todos los documentos. Deberás diseñar una estructura de carpetas con diferentes miembros autorizados a su consulta. Conviene que para este asunto recurras a alguna clase de diagrama o esquema, de forma que tengas claro en todo momento qué carpetas se comparten con quién.

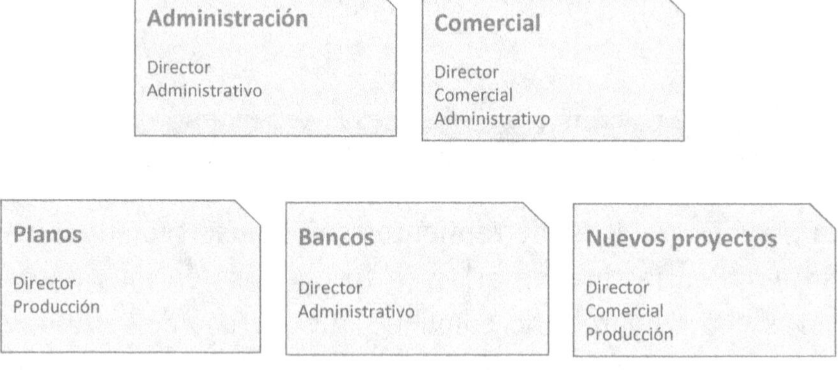

Figura 20.

Los cambios que se hacen en un documento compartido son visibles de inmediato para todas las personas que tengan acceso. Debes implementar un sistema de trabajo que incluya medidas de control para «cambios no definitivos» o «documentos en fase de procesado», de manera que no se tomen por definitivas las modificaciones que quizás no lo son.

Estas herramientas cuentan con funcionalidades de seguridad respecto a accesos, recuperación de archivos o versiones anteriores de documentos, entre otras.

▼

ALMACENAMIENTO DE INFORMACIÓN

▶ **DROPBOX**
  - Para almacenar la información y guardarla en la nube de la misma manera que hasta ahora la has guardado en tu ordenador, Dropbox es ideal. El sistema de carpetas de documentos es exactamente igual al de Windows. Tendrías una carpeta general llamada «dropbox» y dentro estaría toda tu estructura de carpetas y subcarpetas.
  - Tú decides la carpeta que compartes y la que no.
  - Todos los documentos que modifiques se actualizan inmediatamente en los servidores de la compañía y en todos tus dispositivos.
  - Puedes trabajar desde el escritorio de tu ordenador o desde la web de Dropbox. Desde la web tienes más opciones y utilidades, pero quizás no las necesites siempre.

- Puedes trabajar fuera de la oficina desde tu teléfono inteligente, tableta digital, o desde cualquier ordenador del mundo con conexión a internet.
- Es lo más parecido a seguir trabajando con tus carpetas de siempre.

▶ EVERNOTE

- Su sistema de trabajo no es como el de Dropbox, y por lo tanto no es análogo al sistema de carpetas de sistemas como Windows.
    - Los materiales almacenados se guardan en LIBRETAS, dentro de las que se encuentran las NOTAS.
    - A cada NOTA se le pueden asignar ETIQUETAS.
    - Las NOTAS no son archivos propiamente dichos.
- Se trata de una herramienta ideal para capturar cosas y guardarlas organizadas, localizables y compartibles.
    - En una NOTA puedes escribir, dibujar a mano, fotografiar, grabar sonido, etc.
    - Puedes hacer capturas directamente desde internet.
    - Puedes crear NOTAS directamente desde un escáner (con equipos específicos).
    - Puedes crear notas desde el correo electrónico, enviando correos a tus libretas.
- Puedes compartir NOTAS con otros usuarios, trabajar en colaboración, e incluso CHATEAR en tiempo real con ellos.
- Puedes hacer PRESENTACIONES con varias de tus notas, de manera que no tengas que emplear tiempo en configu-

rar una presentación en otros programas, como Power Point, por ejemplo.

- Las **NOTAS** pueden contener **ARCHIVOS ADJUNTOS**.
- Es recomendable para capturar y compartir todo aquello que no sean archivos de texto (en el blog de Evernote puedes encontrar muchos ejemplos de utilidades para esta aplicación).

▼

TRABAJO EN EQUIPO

▶ **Box**
- Su funcionamiento es análogo al de Dropbox, pero incluye funciones adicionales como:
  - **CHAT** en tiempo real con los miembros del equipo.
  - Posibilidad de asignar tareas a los diferentes miembros del equipo.
  - Posibilidad de fijar fechas límite para determinadas tareas.
- Por lo demás, la estructura de carpetas de archivos es muy similar a Dropbox, y respeta la arquitectura de Windows.
- Es recomendable si la carga de trabajo en equipos es grande y el sistema de carpetas tipo Windows es la principal herramienta de trabajo.

▶ **AZENDOO**
- Se trata de una herramienta específicamente diseñada para **COMBINAR TRABAJO EN EQUIPO Y ORGANIZACIÓN DE TAREAS.**

- Todo está orientado a esta función, por lo que su potencia en este campo es muy superior.
- Trabajar con esta aplicación es muy sencillo y versátil: permite la organización de equipos y proyectos, la comunicación entre los miembros, conocer las fechas límite, las tareas, etc.
    - Tiene un potente sistema de etiquetado de tareas.
    - Se puede trabajar con archivos adjuntos.
    - Incorpora un sistema muy potente para organizar las tareas en el tiempo, con lo que indaga en aspectos muy importantes de la PRODUCTIVIDAD personal.
- Otro aspecto destacable es su integración con Dropbox, de manera que puedes combinar ambas aplicaciones: una para almacenar tus documentos, y otra para impulsar el trabajo en equipo al siguiente nivel.
- Se integra también con Box, Drive, Evernote, y otras aplicaciones similares.
- Es recomendable para una experiencia de trabajo en equipo realmente positiva.

▼

GESTIÓN DE TU EMPRESA

- Explora las nuevas posibilidades que ofrece internet en este campo.
- Puedes tener, por un precio muy asequible, aplicaciones para gestionar carteras de clientes, proyectos, sistemas de calidad, ejecución de servicios, gestión de incidencias y un largo etcétera.

- Casi cualquier función que te gustaría hacer de una manera menos manual, y aprovechando toda la potencia de la nube, la puedes tener totalmente adaptada a las necesidades concretas de tu organización.
- La introducción de datos en tu sistema de gestión se transforma en una cuestión sencilla, y más aún la obtención de informes, documentos, etc.

26 APLICACIONES PARA LA COMUNICACIÓN, EL DISEÑO Y EL *MARKETING*

Otra tendencia que ahora mismo predomina en todos los mercados es la comunicación continua con clientes efectivos y clientes potenciales. Se han de tener todos los canales abiertos y se deben presentar las informaciones de manera alternativa a las tradicionales: vídeos, presentaciones animadas, etc.

La necesidad de producir materiales visuales es significativa para cualquier pyme que quiera explotar las posibilidades que internet ofrece. Naturalmente, la cantidad y variedad de herramientas que existen en el mercado para realizar este tipo de tarea es enorme. Y la posibilidad de recurrir a profesionales de la materia es una opción, y en muchos casos es necesario recurrir a ellos.

Pero para una pyme, tener la capacidad de diseñar formatos visuales prácticamente a diario sin tener que recurrir a costosas herramientas o servicios profesionales es vital.

Las redes sociales ofrecen la oportunidad de hacer campañas de *marketing* y de construir la marca de tu empresa como nunca antes lo podrías haber hecho.

▶ **Sistema de referencia**

Información y comunicación. *Marketing.*

▶ **Cambio a introducir**

Utilizar aplicaciones basadas en internet para potenciar la comunicación, el diseño de formatos visuales y el *marketing* del negocio.

▶ **Valor que se generará**

- Máxima accesibilidad de tu empresa para sus clientes efectivos y clientes potenciales.
- Mejora notable de la capacidad de comunicación a través de formatos visuales.
- Multiplicación de la potencia del *marketing* que puede desarrollar tu empresa.

PROPUESTA DE IDEAS PARA LA INNOVACIÓN

▶ COMUNICACIÓN Y PRESENTACIÓN

- Prueba SKYPE (www.skype.com).
- Instala un CHAT en vivo en la web de tu negocio.
- Prueba PREZI (www.prezi.com), POWTOON (www.powtoon.com) y MOOVLY (www.moovly.com).

▶ DISEÑO

- Prueba GIMP (www.gimp.org.es).
- Prueba CANVA (www.canva.com).

- Prueba FOTOLIA (www.fotolia.com), SHUTTERSTOCK (www.shutterstock.com), ISTOCKPHOTO (www.istockphoto.com) y FLICKR (www.flickr.com).

▶ **MARKETING**

- Prueba FACEBOOK (www.facebook.com).
- Prueba TWITTER (www.twitter.com).
- Prueba otras redes sociales.

EVALUACIÓN DE IDEAS

Cuando se trata de transformar un negocio tradicional en uno que explota al máximo las posibilidades de internet, puede existir un riesgo que podríamos llamar de «vórtice»: hay tantas posibilidades, tantas opciones, y casi todas ellas se pueden probar de manera gratuita, que puedes sentirte absorbido por este tipo de tecnologías y aplicaciones.

Se puede perder de vista el objetivo de esta transformación es mejorar la empresa y para ello explotar oportunidades que la innovación ofrece.

Lo más recomendable con este tipo de aplicaciones, como se indicó en el capítulo anterior, es que las pruebes con tranquilidad, analizando cuidadosamente lo que cada una de ellas te ofrece y su encaje en tu VISIÓN DE NEGOCIO y PLANIFICACIÓN ESTRATÉGICA.

Ninguna de estas aplicaciones debería hacerte modificar tu MODELO DE NEGOCIO de manera sustancial. En el modo de acceder a los clientes potenciales y ofrecerles valor sí que podrás introducir cambios significativos, pero hay que tener en cuenta que la propuesta de valor depende de ti y no de las tecnologías.

▼

COMUNICACIÓN Y PRESENTACIÓN

 **SKYPE**

- Se trata de una aplicación mediante la cual puedes realizar vídeo-llamadas con cualquier persona del mundo, siempre que se disponga de conexión a internet.
- Tiene una aplicación para teléfonos móviles. Así que ya no tienes excusa para establecer comunicación en cualquier lugar y momento con las personas que necesites, contando para ello con la imagen que te hará sentir que realmente estás reunido con esa persona.
- Se pueden compartir archivos y mantener conversaciones en grupo, con lo que podrás avanzar aún más en tus proyectos.
- Son muchas las personas que en la firma de su correo electrónico o en su tarjeta de visita incluyen su identificación en Skype.
- Muchas empresas ahorran grandes cantidades de dinero gracias a esta herramienta, ya que no necesitan sufragar tantos gastos de viajes a sus empleados y directivos.

▶ **Chat**

- Se trata de una herramienta que hace que tu empresa sea mucho más accesible para responder dudas o preguntas en cualquier momento.

- Si implantas esta herramienta, ten en cuenta que deberá haber una persona encargada de gestionar los mensajes entrantes, al menos en una franja horaria determinada.

- Las alternativas son muchas a la hora de instalar este complemento en tu web. Explora en buscadores de internet y elige la que más te convenga.

▶ **Prezi, Powtoon, Moovly**

- Estas aplicaciones te permitirán presentar tu información de manera profesional. El límite lo pondrá tu propia imaginación, ya que cuentan con numerosos recursos para que hagas elaboradas presentaciones animadas, tanto en forma de diapositivas como de vídeos.

- Se pueden probar gratuitamente, pero deberás acceder a un plan de pago para disfrutar de toda su potencia y versatilidad.

▼

Diseño

▶ **Gimp**

- Más que de una aplicación en internet, se trata de *software* libre para diseño y edición fotográfica.

- Solo es necesario descargarlo en tu ordenador y lo puedes empezar a utilizar de inmediato.
- Es una alternativa gratuita y más versátil que otros programas de pago de edición fotográfica, como Photoshop.
- Su uso es más sencillo, es intuitivo y te permite hacer multitud de variaciones creativas con tus imágenes, bien sea para elaborar materiales de *marketing* o para la web corporativa.

▶ **CANVA**
- Esta herramienta es propiamente una aplicación en internet.
- Puedes elaborar materiales visuales con multitud de formatos diferentes ya prediseñados, a partir de imágenes y elementos gráficos. Su sencillez y gran potencia la han convertido en la favorita de muchos profesionales.

▶ **FOTOLIA, SHUTTERSTOCK, ISTOCKPHOTO**
- Son tres de los bancos de fotografías más conocidos.
- En ellos, por un precio moderado, puedes acceder a miles de imágenes para las campañas de *marketing*, tu blog, la web corporativa o cualquier otra necesidad visual.
- Lo que realmente compras son los derechos de uso de las imágenes, lo que permite despreocuparse de los problemas legales derivados de utilizar imágenes de terceros.

▶ **FLICKR**
- Puedes encontrar fotografías con diferentes licencias Creative Commons.

- Algunas de ellas te permiten utilizar la imagen, citando a cambio a su autor.
- Se trata de obtener imágenes más personales.

▼

REDES SOCIALES

Puedes encontrar información sobre su uso y explotación en numerosos libros, blogs o artículos.

Los rasgos característicos son los siguientes:

▶ **LAS REDES SOCIALES SON ADECUADAS PARA CUALQUIER EMPRESA.** Da igual en qué sector esté y cuál sea su actividad o entorno.

- Las redes sociales te ayudan a establecer vínculos con otras personas, y siempre hay una buena razón por la que tu empresa debería estar en contacto con ellas. Pueden pasar a ser clientes, recomendar tus productos o algún contenido que hayas publicado, o quizá simplemente hablar de tu empresa, de su existencia.
- Aunque tus clientes sean otras empresas, también las dirigen personas con las que puedes contactar en las redes sociales.
- La actividad de tu empresa te puede parecer poco atractiva como para darla a conocer en Facebook, por ejemplo. Sin embargo, debes encontrar aquello que resultará interesante para otras personas acerca de lo que hacéis. Busca posibles conexiones entre la actividad de tu empresa y los intereses generales.

▶ **No** se trata de estar por estar en las redes sociales.

- Debes tener una estrategia: saber claramente para qué vas a utilizar cada perfil, cuál es tu objetivo.
- Debes probar y volver a probar hasta descubrir qué es lo que funciona.
- Tu objetivo prioritario en las redes sociales debería consistir en dotar a tu empresa de **visibilidad**. Debes encaminar todos tus esfuerzos a este propósito.
- Lo más aconsejable es tener un número limitado de perfiles en aquellas redes sociales que parezcan más adecuadas a tu actividad.
- Cercanía, transparencia, actualización frecuente, son claves para el éxito. Y, sobre todo, buscar que tus contenidos interesen a tu público objetivo.

Si bien las redes sociales en principio son gratuitas, suelen incorporar una opción de pago que te permitirá alcanzar su máximo potencial.

Ejemplo: Facebook Ads te permite hacer campañas de *marketing* dirigidas a las personas que a ti te interesen. Para ello, Facebook pone a tu disposición el motor de búsqueda y selección que facilita su enorme base de datos, en la que se almacena una enorme cantidad de información, ya que almacena datos sobre todas las personas que utilizan esta red social. ¿Quieres buscar personas a las que les guste jugar al golf? ¿O que estén interesadas en la cocina vegetariana? ¿O que estén buscando una solución para una obra de reforma? ¿Quieres buscar a esas personas en una zona determinada de tu ciudad? Las posibilidades son casi ilimitadas. Tu negocio se podrá situar en el mismo nivel de *marketing* que los mejores de su sector, o incluso por encima.

▶ **Facebook** y **Twitter** son las redes sociales más pobladas, pero hay otras como **Linkedin** y **Pinterest** que también pueden resultar de interés para tu actividad.
  • Cada una de ellas tiene un formato de publicación y unas restricciones.
  • En todas ellas puedes encontrar valor para tu empresa.
  • Es cuestión de explorar y experimentar.

RECUERDA

A cada persona, según sus necesidades, le gustará más una aplicación u otra.
Prueba con varias y quédate con la que más VALOR te ofrezca.

DIMENSIÓN HUMANA

Las personas son el recurso más valioso de tu empresa. De hecho, su esencia es un equipo de personas que trabajan en común para lograr un objetivo.

Hay algunas herramientas que pueden conseguir que el equipo humano de tu empresa crezca y se consolide, y llegue a metas cada vez más altas.

Aprovechar bien el tiempo disponible para lograr el máximo **VALOR**, trabajar como un equipo unido y solidario, y conseguir que todos sus miembros crezcan como **PERSONAS** son los objetivos principales que debes perseguir.

Figura 21.

27 PRODUCTIVIDAD

¿Cuántas veces has deseado que el día durara una o dos horas más?

¿Percibes que al equipo de personas que trabajan en tu empresa le sucede lo mismo?

La cuestión es que no se puede gestionar el tiempo: no se puede alargar ni modificar de ninguna manera. Lo que sí se puede hacer es decidir en qué invertir el tiempo disponible.

Un buen sistema de productividad permite aprovechar mejor el tiempo del que se dispone, establecer prioridades, buscar métodos de trabajo adecuados e implementar herramientas más eficaces.

▶ **Sistema de referencia**
Equipo humano

▶ **Cambio a introducir**
Ofrecer al equipo humano de la empresa un sistema de productividad eficaz.

▶ **Valor que se generará**
- Mejor operación rutinaria del negocio.
- Generación de un ambiente de trabajo mejor.

- Optimización de recursos.
- Mayor capacidad para resolver todo tipo de situaciones conflictivas.
- Mayor bienestar para las personas que forman parte del equipo humano.

PROPUESTA DE IDEAS PARA LA INNOVACIÓN

▶ IMPLEMENTA EN EL EQUIPO HUMANO DE TU EMPRESA UN MODELO DE PRODUCTIVIDAD BASADO EN LOS PRINCIPIOS DE **GTD** *(GET THINGS DONE)*:

- El mayor impedimento para alcanzar un elevado nivel de productividad es la gestión deficiente de la información. Si hay tareas que se olvidan, que no se conocen bien en detalle o se desconoce su prioridad en comparación con otras, o no se evalúa el contexto que requiere su realización, por ejemplo, la productividad cae.
- La gestión de toda la información asociada a las tareas que se deben realizar provoca agotamiento y estrés en las personas que intentan ser más productivas.
- En contextos en los que las tareas que hay que realizar son complejas o provienen de múltiples orígenes, se puede llegar a un estado de confusión que impida la toma de decisiones adecuadas.

Haz pequeños experimentos con la nueva herramienta de productividad: involucra a personas de tu equipo en la realización de algunas tareas con esta herramienta. Al cabo de un tiempo, compara sus resultados con los de otras personas que no utilizan la herramienta, o con sus propios resultados antes de utilizarla. Puedes establecer algún tipo de indicador de productividad y comparar resultados.

Cuando sepan cómo utilizar bien los principios de GTD, el equipo de tu empresa no querrá trabajar de otra manera.

No obstante, en este campo no es muy recomendable trabajar «por imposición». Cada uno debería poder elegir libremente el método con el que organizar sus tareas, de forma que consiga cumplir con sus objetivos.

PUESTA EN MARCHA

Principios de **GTD**

1 Registrar todas las informaciones
- Debes anotarlo TODO: tareas por hacer, referencias para un uso posterior, ideas interesantes y compromisos, entre otros.
- Cuando se anota un dato, no es necesario hacer nada más.
- El lugar donde centralizar todos estos materiales es la BANDEJA DE ENTRADA. Puedes tener una o varias, y pueden ser libretas, bandejas de documentos, libretas virtuales, etc.

2 Procesar periódicamente las informaciones

Todo lo reunido en la bandeja de entrada debe ser PRO-CESADO con el objetivo de DECIDIR qué hay que hacer con ello:

- Una acción inmediata: se hace lo necesario y se elimina la información del sistema, se guarda como REFERENCIA posterior o como material de ARCHIVO.
- Una acción programada en un momento determinado:
  - Se introduce en la AGENDA si está próximo el momento de su realización.
  - Se deja INACTIVA durante un tiempo, hasta que llegue el momento de realizarla.
- Una acción que se ha de realizar en un plazo de tiempo corto, pero sin fecha precisa: se incluye en una lista de AC-CIONES SIGUIENTES.
- Una acción que quizá interese hacer, pero no se está seguro, ni tampoco del momento en que se podría hacer: se incluye en una lista de ACCIONES A REALIZAR ALGÚN DÍA.
- Una acción compleja, compuesta a su vez de múltiples acciones, para lo que se crea un PROYECTO:
  - Se define el orden en el que deben ser hechas las acciones.
  - Se definen plazos de ejecución.
  - Se definen las dependencias que puedan tener las acciones que forman parte del proyecto.
  - Habrá acciones para las que se defina una fecha de ejecución (AGENDA, INACTIVA), y habrá acciones para las que no se definirá un momento concreto (ACCIONES SIGUIENTES).

- No se requiere la realización de ninguna acción, sino que se trata de un material que podría servir después:
  - Se almacena como REFERENCIA, para recurrir a ella cuando sea necesario como apoyo de alguna actividad.
  - Se almacena como material de ARCHIVO, para una consulta posterior.
- Se trata de un asunto en el que se está pendiente de la acción o la respuesta de una tercera persona: se almacena como PENDIENTE (asignando una fecha de revisión).

El objetivo que se pretende conseguir es que la BANDEJA DE ENTRADA esté siempre limpia.

Debes decidir con qué frecuencia es interesante procesar la bandeja de entrada: en función del tipo y ubicación de la bandeja o de la cantidad de elementos que entran en ella cada día, entre otras variables.

3 ASIGNAR CONTEXTOS A LAS INFORMACIONES

Una información sin contexto es más difícil de gestionar. Los principales contextos son:

- ÁREA DE ACTIVIDAD a la que pertenece la información: trabajo, personal, una dedicación en particular, etc.
- LUGAR en el que se debe realizar la acción: oficina, casa, calle, etc.
- HERRAMIENTAS necesarias para realizar la acción: ordenador, *software*, herramientas físicas. etc.
- COLABORADORES necesarios para la acción.

- **PERSONAS** que influyen en esa acción (a las que reportar, que están pendientes de la acción, interesadas de alguna manera en ella, etc.).

El **CONTEXTO** influye sobre todo en acciones sobre las que no se ha decidido un momento concreto para su ejecución (**ACCIONES SIGUIENTES**). El **CONTEXTO** es una ayuda imprescindible para tomar la decisión de qué acción se podrá hacer en un momento determinado: en función del lugar en el que se esté, con quién o con qué herramientas, por ejemplo.

4 SELECCIONAR CORRECTAMENTE QUÉ SE VA A HACER Y CUÁNDO

- Un freno que destruye la productividad es decidir qué se va a hacer en el momento en el que se debería estar YA haciendo algo.
- Lo más conveniente es planificar la actividad de un día durante la tarde anterior.
- Es imprescindible, no obstante, crear una planificación FLEXIBLE que sea capaz de incluir los cambios necesarios «sobre la marcha», sin perder por ello de vista los OBJETIVOS ni la VISIÓN que sirven de camino sobre el que avanzar.

5 REVISAR PERIÓDICAMENTE TODO EL SISTEMA

- Es muy conveniente que una vez a la semana revises el sistema de productividad al completo.
- Es posible que alguna información haya quedado sin procesar, alguna tarea deba ser cambiada de ubicación o algún plazo deba ser asignado, por ejemplo.

- El potencial de GTD es máximo cuando la información siempre es actual y está ordenada.
- La seguridad de tener la información bajo control es lo que hace que disminuya el nivel de estrés y agotamiento personal.

28 EL EQUIPO

Cuando ves que un equipo deportivo funciona como una máquina perfecta, ¿te gustaría que el equipo de tu empresa funcionase de esa manera? Coordinación, motivación, compromiso, compañerismo.

Las personas que forman parte de una pyme son su activo más valioso. Conseguir que formen un equipo eficiente es la meta más deseable.

Al igual que los resultados deportivos dependen del trabajo de todo el equipo, también los resultados de una empresa dependen en buena medida del buen funcionamiento de su equipo humano.

El flujo de información o la organización de tareas pueden estar especificadas con todo detalle en procedimientos bien diseñados, pero serán las personas las que hagan que funcionen realmente bien o no.

▶ **Sistema de referencia**
Equipo humano

▶ **Cambio a introducir**
Poner en práctica técnicas que aumenten la cohesión y motivación del equipo humano.

▶ **Valor que se generará**

- Mejor rendimiento de la parte más valiosa de la empresa: su equipo humano.
- Mayor capacidad para resolver conflictos y situaciones problemáticas.
- Mayor capacidad de innovación en el negocio.
- Mejor servicio a los clientes.

PROPUESTA DE IDEAS PARA LA INNOVACIÓN

1 Potencia la motivación de los miembros del equipo
El primer elemento necesario para que un equipo humano funcione eficientemente es que todos sus miembros tengan GANAS de hacer lo necesario.

2 Intensifica el compromiso del equipo con el negocio (*ENGAGEMENT*)
Además de estar motivado, el equipo debe sentir un compromiso al que no debería fallar.

3 Implementa técnicas de gamificación
La *gamificación*, también conocida como ludificación, consigue aumentar en los miembros del equipo la motivación, el compromiso, y además la concentración, la proactividad y la capacidad de esfuerzo.

Siempre se ha pensado que cuando un individuo deja de ser niño, también deja de jugar. A lo sumo, se le concede la posibilidad de consumir una parte del tiempo libre disponible en la práctica de algún juego, simplemente a modo de diversión. El apego excesivo a la actividad de jugar es visto como un rasgo de inmadurez.

Lo que no se concibe, o al menos hasta hace poco no se hacía, es que el juego forme parte de la actividad diaria de un adulto. Aprender jugando es cosa de niños. Pero, ¿trabajar jugando? Ha sido una cuestión que no se podía ni imaginar hasta ahora: la neurociencia ha descubierto que incluso los individuos adultos aprenden más rápido, son más proactivos, se comprometen más si juegan.

La *gamificación* consiste en el empleo de mecánicas propias de los juegos en entornos y actividades no lúdicas, con el fin de potenciar la motivación, la concentración, la capacidad de esfuerzo, el compromiso y otros valores positivos que son comunes a todos los juegos. Se trata de una poderosa herramienta que se está aplicando en múltiples contextos: deporte, educación, empresa, salud, deporte o *marketing*, entre otros.

POTENCIA LA MOTIVACIÓN DEL EQUIPO

▶ Para motivar a una persona es necesario tener en cuenta tres aspectos:

- **LOGROS**: cualquier persona desea superar objetivos desafiantes.
- **RELACIÓN SOCIAL**: cualquier persona desea convivir con otras con las que se sienta cercana y que le hagan sentir apreciada.
- **PODER**:
  - **PERSONALIZADO**: deseo de tener influencia y ser respetado.
  - **SOCIALIZADO**: deseo de conferir influencia hacia otros y manifestarles respeto.

▶ Supervisa cuidadosamente la labor que tiene asignada cada miembro del equipo, y busca posibilidades de transformar dicha labor en retos desafiantes y apasionantes.

No obstante, no pongas el nivel de reto demasiado alto o conseguirás justo el efecto contrario al deseado.

▶ Un buen ambiente de trabajo y unas relaciones sociales positivas entre los miembros del equipo harán que su motivación aumente de forma automática.

Una de las bases de un ambiente positivo es la **COMUNICACIÓN**. Debes promover que pueda haber comunicación tanto dentro de la jornada de trabajo como fuera. Pasar un rato juntos sin las tensiones propias de la labor diaria es una oportunidad para los miembros del equipo de hablar y conocerse. Conocer el punto de vista del otro y aprender a respetarle es cuestión de tiempo.

▶ Siempre se debería celebrar cualquier logro y premiar las actitudes positivas. De este modo conferirás poder a tu equipo para que sean influyentes y se sientan respetados.

En varios capítulos de este libro se recomienda tener muy en cuenta las opiniones del equipo humano de la empresa para conseguir objetivos importantes. Esta práctica también aumenta su motivación.

▼

Intensifica el compromiso del equipo

▶ En este aspecto juega un papel relevante la RECIPROCIDAD:
  • Si la empresa se compromete con un trabajador, el trabajador se compromete con ella.
  • Cuanta mayor sea la empatía y el reconocimiento que una persona siente hacia ella en el lugar donde trabaja, más comprometida se sentirá.
▶ Cada miembro del equipo debe sentirse escuchado y tenido en cuenta. Debe sentir seguridad y solidez en su situación, y que cuando necesite ayuda la puede obtener sin ni siquiera pedirla.

▼

Técnicas de gamificación

► La *gamificación* se estructura sobre las MECÁNICAS y las DI-
NÁMICAS de juego.

- **MECÁNICAS**: acciones, comportamientos, técnicas y mecanismos de control que se utilizan para convertir una
  actividad en un juego. Son los aspectos que crean
  una experiencia atractiva para el jugador, y pretenden
  incrementar la motivación y el compromiso mediante la
  consecución de objetivos y con la finalidad de obtener
  reconocimiento por parte de la comunidad.
- **DINÁMICAS**: efecto, motivación y deseos que se pretenden
  conseguir en una persona al poner en práctica una serie
  de mecánicas de juego. Son las necesidades e inquietudes humanas que la motivan.

► Puedes implantar algunas MECÁNICAS de juego cuando se
vayan a desarrollar determinadas actividades, de modo que
se creen efectos positivos en el equipo.

► EJEMPLOS DE MECÁNICAS: puntos, niveles, premios, desafíos,
misiones, clasificaciones, premios, entre otros.

► EJEMPLOS DE DINÁMICAS: recompensa, estatus, logro, expresión competición, altruismo, entre otras.

EJEMPLO

En algunas empresas se han implementado mecánicas de juego para aumentar el nivel de compromiso del personal con la

prevención de riesgos laborales. El equipo con mejor desempeño en el área de la seguridad laboral (menor número de incidentes o accidentes, mayor cantidad de mejoras propuestas, etc.), obtiene una mejor clasificación en el juego, lo que le confiere la posibilidad de ganar premios.

29 DESARROLLO PERSONAL

El factor más importante para conseguir el máximo rendimiento en un equipo humano es que cada miembro se pueda desarrollar como **PERSONA** dentro del equipo.

Transformar tu empresa en una organización más humana es fundamental para mejorar su desempeño.

El desarrollo personal va mucho más allá de la conciliación entre vida laboral y personal por la que tanto se aboga. El ser humano tiene un conjunto de necesidades básicas que se deben cubrir para que su desarrollo sea completo. Además, cada individuo debe alcanzar una serie de equilibrios particulares entre contrarios (actividad-descanso, ejecución-creación, subordinación-autonomía, etc.).

Las necesidades de los seres humanos pueden verse ordenadas jerárquicamente desde las más básicas hasta las más elevadas en la **PIRÁMIDE DE MASLOW** (véase la figura 22).

Si bien en el ámbito laboral no se pueden atender todas estas necesidades, sí se puede dar respuesta a una parte significativa de ellas.

El objetivo de cualquier pyme está muy claro: conseguir beneficio económico a cambio de ofrecer productos o servi-

Autorrealización — moralidad, creatividad, espontaneidad, falta de prejuicios, aceptación de hechos, resolución de problemas

Reconocimiento — autorreconocimiento, confianza, respeto, éxito

Afiliación — amistad, afecto, intimidad sexual

Seguridad — seguridad física, de empleo, de recursos, moral, familiar, de salud, de propiedad privada

Fisiología — respiración, alimentación, descanso, sexo, homeóstasis

Figura 22.

cios que resuelvan necesidades concretas de sus clientes. Pero para asegurar el mejor resultado en esta faceta, tu empresa tiene que trabajar en un contexto mucho más amplio, y conseguir potenciar su dimensión humana al nivel más alto.

▶ Sistema de referencia
Equipo humano

▶ Cambio a introducir
Atender a las necesidades que tienen los miembros del equipo humano de la empresa.

▶ **Valor que se generará**

Aumento de la motivación, el compromiso y la capacidad del equipo humano. El desarrollo personal conlleva a la mejora de todas las capacidades que están íntimamente asociadas a la dimensión humana (razonar, procesar información, comunicar, tomar decisiones, colaborar, crear, etc.).

PROPUESTA DE IDEAS PARA LA INNOVACIÓN

Siguiendo la clasificación de la pirámide de Maslow:

1 NECESIDADES FISIOLÓGICAS

Se puede cubrir parte de la necesidad de DESCANSO. En concreto, la necesidad de incluir periodos breves de descanso cada cierto tiempo de trabajo concentrado.

2 NECESIDADES DE SEGURIDAD

Se puede contribuir a la seguridad de empleo y a la seguridad de recursos consiguiendo la mayor estabilidad para la empresa y asegurar su permanencia en el tiempo.

3 NECESIDADES DE AFILIACIÓN

Se pueden cubrir necesidades de amistad y afecto cultivando un buen ambiente de trabajo.

4 NECESIDADES DE RECONOCIMIENTO

Se pueden cubrir en buena medida promoviendo el autoreconocimiento, la confianza, el respeto y la consecución de logros.

5 Necesidad de autorrealización

Se pueden cubrir también muchas favoreciendo el desarrollo de conductas morales, la creatividad, la espontaneidad, la falta de prejuicios, la aceptación de hechos y la resolución de problemas.

EVALUACIÓN DE IDEAS

La actividad laboral es de tal naturaleza que puede contribuir en gran medida a cubrir muchas de las necesidades que tiene cualquier ser humano. Pero para ello, tu empresa debe mirar siempre a través del prisma humano y no basar su actividad exclusivamente en procedimientos y resultados económicos.

Debes cultivar siempre la faceta más humana de todas las actividades.

PUESTA EN MARCHA

1 Necesidades fisiológicas

- Promueve una política de descansos adecuada.
- Debería haber una zona exclusiva en la que poder disfrutar de esos minutos de recuperación entre intervalos de trabajo intenso y concentrado.

2 Necesidades de seguridad

- Debes implementar una política de seguridad y estabilidad en tu empresa.

- Una persona que no se siente segura en su trabajo, difícilmente tendrá un rendimiento adecuado.
- También se incluye aquí todo lo relacionado con la seguridad y la prevención de riesgos laborales.

3 NECESIDADES DE AFILIACIÓN

- Debes fomentar las buenas relaciones personales entre todos los miembros del equipo humano.
- Es más importante un equipo cohesionado y con lazos fuertes entre sus miembros que contar con procedimientos optimizados y herramientas de control perfectas.

4 NECESIDADES DE RECONOCIMIENTO

- Reconocer el esfuerzo y la contribución de cada persona es un mandamiento.
- Celebrar cada éxito es una obligación.

5 NECESIDAD DE AUTORREALIZACIÓN

- Dando la suficiente autonomía a los miembros del equipo humano conseguirás cultivar las soluciones a estas necesidades.
- Crea pautas generales de actuación y traza líneas generales de estrategia con el fin de seguirlas. A partir de ahí, siempre que sea posible, evita fijar todas las variables y procura que las personas de tu equipo tengan suficiente grado de libertad para decidir.

Dentro del equipo, cada miembro acomodará su actividad de forma natural a los EQUILIBRIOS que mejor le hagan sentir.

BIBLIOGRAFÍA RECOMENDADA

The little black book of innovation. How it works, how to do it, Scott D. Anthony, Harvard Business Review Press, 2012.

HBR'S 10 MUST READS - On Innovation, varios autores, Harvard Business Review Press, 2013.

Who do you want your customers to become? Michael Schrage, Harvard Business Review Press, 2012.

Little Bets - How breakthrough ideas emerge from small discoveries, Peter Sims, Simon & Schuster Paperbacks, 2013.

18 Minutes. Find your focus, master distraction, and get the right things done, Peter Bregman, Business Plus, 2012.

Business model generation, Alexander Osterwalder, Yves Pigneur, John Wiley & Sons, 2010.

Lean for Dummies (2nd Edition), Nathalie Sayer, Bruce Williams, John Wiley & Sons, 2012.

Getting Things Done. The art of stress-free productivity (2015 Edition), David Allen, Piatkus, 2015.

Project Management for the unofficial project manager, Kory Kogon, Suzette Blakemore, James Wood, Franklin Covey Co., 2015.

Designpedia. 80 herramientas para construir tus ideas, Juan Gasca, Rafael Zaragoza, Pensadores disruptivos, SL, 2013.

Libro verde. Fomentar un marco europeo para la responsabilidad social de las empresas, Comisión Europea, 2001.

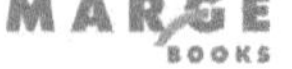